폴리머클레이
케인&액세서리

폴리머클레이 케인&액세서리

초판 1쇄 인쇄 2016년 9월 10일
초판 1쇄 펴냄 2016년 9월 20일

지은이 | 채송아
펴낸이 | 김동중

디자인 | design t-tree

펴낸곳 | 즐거운家
출판등록 | 2015년 7월 23일 제25100-2015-20호
주소 | 서울 중랑구 동일로 569-55 신우 101-1307
전화 | 070-7542-3673
팩스 | 02-6005-9431
전자우편 | merrydiy@naver.com

ⓒ채송아 2016
ISBN : 979-11-957114-2-0 13630

정가 16,000원

이 도서의 국립중앙도서관 출판예정도서목록(CIP)은 서지정보유통지원시스템 홈페이지
(http://seoji.nl.go.kr)와 국가자료 공동목록시스템(http://www.nl.go.kr/kolisnet)에
서 이용하실 수 있습니다. (CIP제어번호: CIP2016021844)

today cane

케인으로 만든 작고 귀여운 액세서리

폴리머클레이
케인&액세서리

채송아 지음

prologue

남들처럼...

평범하게 입시를 거쳐 대학을 졸업하고, 사회에 나가 적성에 맞지 않는 일을 하며, 퇴근 후 지쳐 일찍 잠들어 버리는 게 일상이었다. 늘 내가 진정하고 싶은 것이 무엇인지 고민하던 찰나 우연히 마주하게 된 컬러클레이가 지금의 나를 있게 해주었다. 부족한 실력이었지만 클레이로 무언가를 만들어낸 후 뿌듯함은 이루 말할 수 없었다.

하나하나 만든 것을 기록으로 남기기 위해 블로그를 시작하게 되었고, 다양한 점토를 접하면서 폴리머클레이를 알게 되었다. 그러나 폴리머클레이에 관한 자료가 많지 않아 처음 시작할 때 무엇이 필요한지, 어디서 재료를 구할 수 있는지 등 이렇게 사소한 것을 알아내는 것만 해도 수일이 걸렸다. 이렇게 힘들게 자료를 모아서였는지 폴리머클레이의 매력은 정말 대단했다. 그 매력을 혼자만 알고 있기가 아까웠고, 힘들었던 시기에 우연히 만나 클레이로 큰 위로를 받았기에 지금 힘들어하는 사람에게 조금이나마 도움이 되길 바라며 정보를 공유하게 되었다.

폴리머클레이만의 매력을 꼽자면...

느림의 미학 그리고 소소하고 세세한 부분까지 나만의 것으로 만들 수 있다는 점이다. 힘든 과정을 거쳐 만든 케인 중 마음에 드는 케인으로 단추를 만들어 직접 뜨개질한 옷에 달거나, 하나하나 모양을 잡아 만든 구슬로 팔찌를 만들면 그간 피곤함은 온데간데없이 사라진다.

여러분도 폴리머클레이를 다루다 보면 어느 순간 그 매력에서 빠져나올 수 없을 것이다. 처음에는 완벽하지 않겠지만 스스로 만든 작품에는 남들은 알 수 없는 나만의 이야기가 담겨있어 더 애착이 가고 특별하다.

이 책이 여러분의 바쁜 일상 속 근심 걱정을 조금이나마 덜어내는 힐링이 되기를 바라는 마음이다.

언제나 무엇을 하던 나의 선택을 묵묵히 응원하고 지지해 주는 부모님과 내색은 하지 않지만 마음속으로는 언제나 격려해주는 동생, 행동으로 보여주며 뭐든지 잘해낼 수 있을 거라고 응원해주는 조 매니저, 작가 탄생이라고 축하해 주는 친구들, 집필 과정에 힘들다고 넋두리하면 잘할 수 있을 거라며 기운을 북돋워 주었던 이제는 이웃 'OO님'이라기보다는 언니라는 호칭이 더 익숙한 우리 이웃 언니들 그리고 블로거 클레이홀릭으로 활동할 수 있도록 항상 방문해주고 응원의 글을 남겨주는 모든 이웃 님! 감사합니다.

마지막으로 출판이라는 특별하고도 소중한 경험을 할 수 있도록 도와주고 항상 천천히 하라며 심적 여유를 가질 수 있도록 배려해준 출판사 관계자 여러분께 진심으로 감사합니다.

2016년 9월
채송아

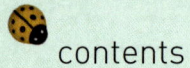
contents

Part 02
케인 만들기 기초

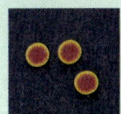

Part 03
꽃 케인 만들기

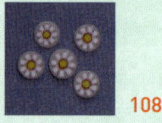

Part 04
동물 케인 만들기

루돌프 케인 133

토끼 케인 137

돼지 케인 139

닭 케인 142

판다 케인 145

호랑이 케인 147

원숭이 케인 151

Part 05
다양한 케인 만들기

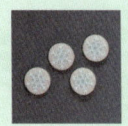
눈꽃 케인 156

이니셜 케인 159

당근 케인 161

붕어빵 케인 163

트리 케인 166

야광 해골 케인 169

호박 케인 171

태극기 케인 173

Part 06
케인으로 만든 액세서리

POLYMER CLAY

폴리머클레이를 다루는 데 필요한 기본적인 준비물
을 소개하고 다양한 용품과 도구 사용 방법을 배운
다. 또한 폴리머클레이로 다양한 색을 만들기 위한
배색 방법과 반죽 방법을 배운다.

Part
01

폴리머클레이 케인 BASIC

폴리머클레이는 어떤 점토인가요?

폴리머클레이(Polymer clay)는 플라스틱 성분 중 하나인 폴리염화비닐로 이루어진 점토로 일반 점토인 찰흙, 지점토, 컬러클레이와 다르게 작업 후에 오븐에 구워야 단단하게 굳어진다. 작품 크기에 따라 오븐에 110~120도로 10~30분간 구워낸다. 폴리머클레이 특성상 오븐에 구워내면 컬러클레이, 컬러믹스 등의 점토보다 견고하고 플라스틱과 비슷한 느낌이 나며 햇빛, 조명에 의한 색 변화가 없고 물이나 기름 등 액체와 접촉하여도 녹지 않아 오래 보관할 수 있다. 작품을 완성하고 나면 단단하고 변하지 않는 장점이 있어 다양한 소품, 액세서리, 생활용품, 미니어처 등에 사용되고 있다.

폴리머클레이 준비물

폴리머클레이로 작품을 만드는 데 필요한 기본 준비물에서부터 표면처리, 문양 제작, 액세서리 제작에 필요한 부자재와 도구의 종류에 대하여 알아본다. 폴리머클레이 작품에 필요한 재료와 도구는 인터넷쇼핑몰이나 문구점, 화방에서 쉽게 구입할 수 있다.

폴리머클레이

폴리머클레이는 일반 점토보다 딱딱하다.

플렉시블 폴리 블레이드

플렉시블 폴리 블레이드는 탄성이 있어 잘 휘어져 폴리머클레이를 직선 또는 곡선으로 자유롭게 재단할 수 있다.

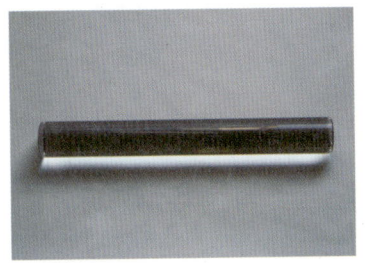

아크릴 밀대

폴리머클레이를 반죽할 때 사용한다.

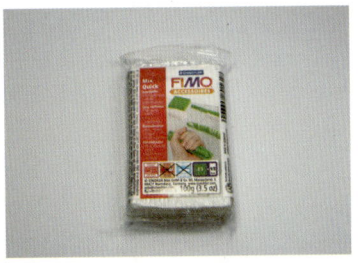

폴리머클레이 유연제(믹스 퀵)

딱딱한 폴리머클레이를 부드럽게 만들 때 일정한 비율로 섞어 사용한다.

오븐

완성한 폴리머클레이 작품을 구울 때 사용한다. 폴리머클레이를 전자레인지 또는 프라이팬으로 굽거나 물에 넣고 끓이면 절대 안 된다. 드라이어 바람으로 구워낼 수 있지만, 시간이 오래 걸린다.

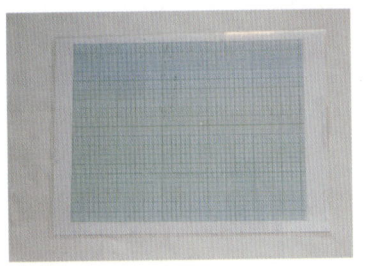

코팅 모눈종이

폴리머클레이 치수 측정과 오염을 방지하기 위해 깔고 작업한다. 폴리머클레이에는 기름 성분이 있어 오랜 시간 작업하면 커팅매트 눈금 선이 지워지기 때문에 모눈종이를 코팅하여 사용하는 것이 좋다.

커팅매트

반죽머신

폴리머클레이를 반죽하고 일정한 두께로 넓게 밀어내거나 그러데이션 효과를 줄 때 사용한다.

투명 랩

사용하고 남은 폴리머클레이는 랩으로 싸서 보관한다.

유광 바니시

오븐에 구워낸 작품 표면에 바르면 유광효과와 함께 작품을 좀 더 오래 유지할 수 있다.

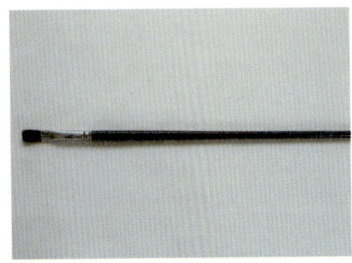

붓

바니시와 레진 등을 작품에 바르는 용도로 사용한다.

펄 파우더

폴리머클레이에 발라 반짝임과 금속 효과를 낸다.

사포

거친 면이나 고르지 못한 표면을 매끄럽게 다듬을 때 사용한다. 400p이상의 고운 사포를 사용한다.

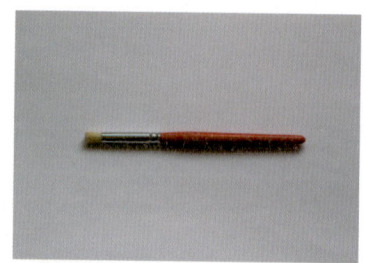

스텐실 붓

거친 표면을 만들 때 톡톡 두드려 사용한다. 칫솔을 사용해도 같은 효과를 줄 수 있다.

고무롤러

폴리머클레이를 덧붙이거나 연결했을 때 생기는 경계선을 롤러로 굴려 정리한다.

이지메탈 (금박, 은박 종이)

폴리머클레이와 섞어 반죽하여 금박, 은박 효과를 주거나, 평평하게 밀어낸 폴리머클레이 위에 붙여 금박, 은박 효과를 낸다. 느낌은 조금 다르나 알루미늄 은박 포일을 사용해도 된다.

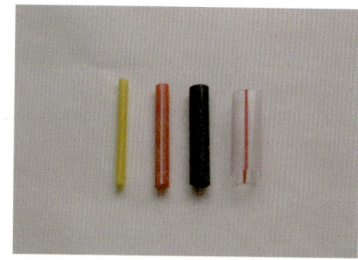

빨대

케인을 만들 때 원형 구멍을 뚫을 때 사용한다.

모양틀

다양한 케인 모양을 만들 때 사용한다.

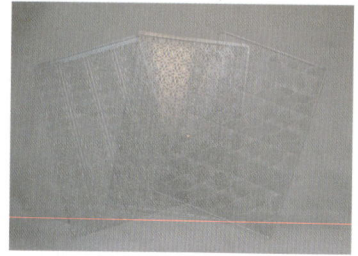

플라스틱 패턴

폴리머클레이 표면에 문양을 넣을 때 사용한다.

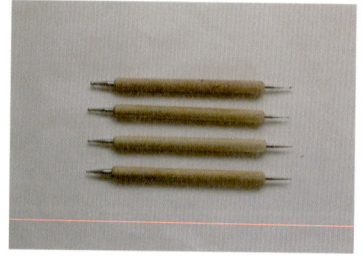

닷팅툴(Dotting Tool)

정교한 모양을 만들 때 사용하는 도구이다.

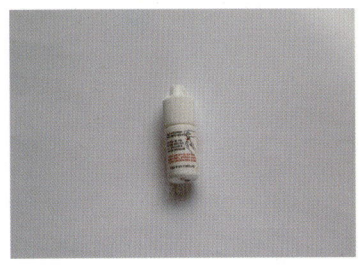

순간접착제

액세서리 부자재와 구워낸 폴리머클레이 작품을 붙일 때 사용한다.

에폭시 접착제

주제와 경화제를 1:1 비율로 섞어 사용한다. 순간접착제보다 강력하게 붙는다.

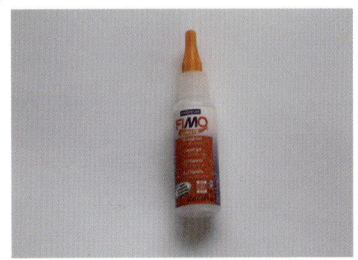

액상 폴리머(리퀴드)

폴리머클레이 접착제로 작품을 굽기 전에 붙이고자 하는 작품에 바른 후 구워내면 붙게 된다.

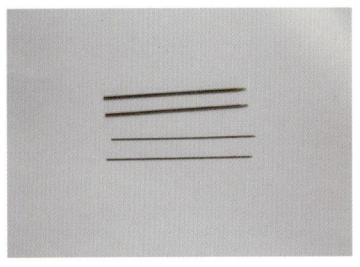

피어싱 핀

폴리머클레이에 작은 구멍을 뚫을 때 사용한다. 바늘 또는 이쑤시개를 사용해도 된다.

니퍼

핀을 자를 때 사용한다.

9자집게

핀을 둥글게 말아 고리를 만들 때 사용한다.

평집게

핀을 구부리거나 고리 부분을 열고 닫을 때 사용한다.

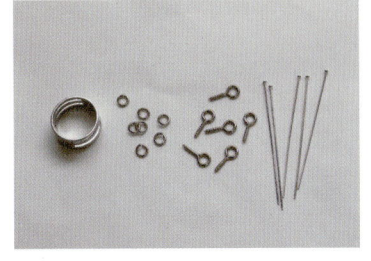

O링 반지, O링, 9핀 나사, T핀

우레탄 줄, 반지대, 펜던트, 체인, 귀걸이(부착형, 고리형, 링)

브로치

머리끈, 고무줄, 핀

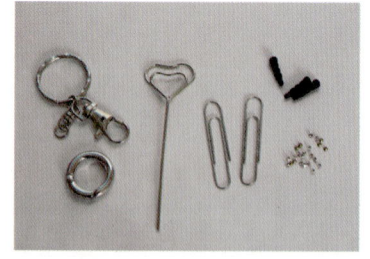

열쇠고리, 메모 클립, 클립, 이어 캡, 큐빅

휴대폰케이스, 디퓨저 공병, 손거울, 티스푼, 포크, 캔들

03

폴리머클레이 기초

폴리머클레이로 작품을 만들기 위해서는 폴리머클레이 기본색을 배합하여 다양한 색을 만들어 사용한다. 폴리머클레이는 다른 점토에 비하여 딱딱하기 때문에 반죽머신을 사용하여 반죽한다. 반죽한 폴리머클레이는 다른 점토와 다르게 장시간 보관 후 사용할 수 있다는 장점이 있다. 그리고 완성 작품을 오븐에 구워내기 때문에 화상에 주의하여야 한다.

폴리머클레이 기본 5색

폴리머클레이에서 기본이 되는 색은 노란색, 빨간색, 파란색, 흰색, 검은색이다. 기본 5색을 배합하면 다양한 색의 폴리머클레이를 만들 수 있다.

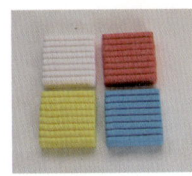

폴리머클레이 반투명 기본 4색

폴리머클레이 반투명 흰색, 빨간색, 노란색, 파란색은 오븐에 구워내면 굽기 전 색보다 진해지고, 반투명 효과가 나타난다. 서로 섞어 다양한 색을 만들 수 있다. 반투명 흰색은 구워내도 색이 진해지지 않는다.

폴리머클레이 색 배합 표

색 배합 표를 참조하여 빨간색, 노란색, 파란색, 흰색, 검은색을 비율에 따라 섞으면 다양한 색을 만들 수 있다.

진한 빨강 빨강 9 : 검정 1	주황 빨강 2 : 노랑 8	연한 주황 빨강 1 : 노랑 9	진한 노랑 빨강 5 : 노랑 5	연한 노랑 노랑 1 : 흰색 9	살색 주황 1 : 흰색 9
진한 분홍 빨강 2 : 흰색 8	분홍 빨강 1 : 흰색 9	연한 분홍 빨강 0.5 : 흰색 9.5	보라 빨강 6 : 파랑 4	진한 보라 보라 9 : 검정 1	연한 보라 보라 1 : 흰색 9
남보라 보라 7 : 파랑 3	남색 파랑 8 : 검정 2	진한 파랑 파랑 9 : 검정 1	진한 하늘색 파랑 2 : 흰색 8	하늘색 파랑 1 : 흰색 9	연한 하늘색 파랑 0.5 : 흰색 9.5
초록 노랑 7 : 파랑 3	카키색 초록 9 : 검정 1	청록 노랑 5 : 파랑 5	겨자색 노랑 9.2 : 검정 0.8	연두색 노랑 9 : 파랑 0.3	민트색 흰색 9 : 연두색 1
진한 회색 흰색 8 : 검정 2	회색 흰색 9 : 검정 1	연한 회색 흰색 9.8 : 검정 0.2	고동색 빨강 7 : 검정 3	갈색 노랑 7 : 검정 0.5 : 빨강 2.5	황토색 노랑 8 : 갈색 2

아크릴 밀대 반죽 방법

how to make!

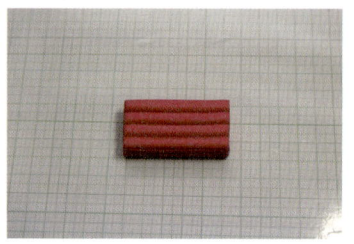 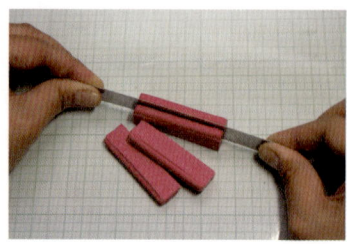 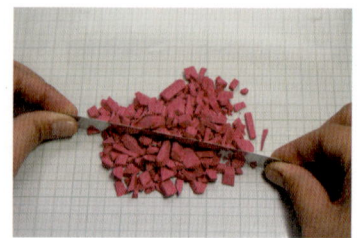

1 폴리머클레이를 칼을 사용하여 잘게 자른다. 칼에 손이 베이지 않도록 조심히 작업해야 한다.

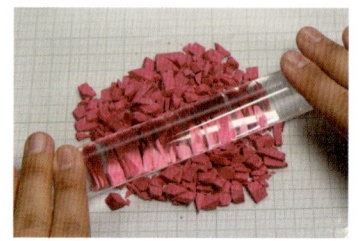  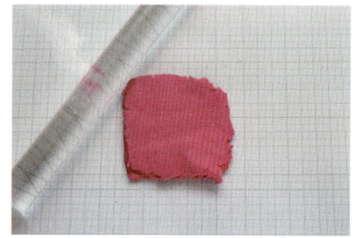

2 조각난 폴리머클레이가 흩어지지 않도록 모아서 밀대에 힘을 가하며 굴린다.

3 폴리머클레이 조각이 뭉쳐져 매끈한 표면이 될 때까지 반죽하면 된다.

폴리머클레이 유연제를 사용하여 폴리머클레이를 부드럽게 만들기

how to make!

1 폴리머클레이와 폴리머클레이 유연제를 3:1의 비율로 준비한다.

2 폴리머클레이와 유연제를 잘게 잘라 섞는다.

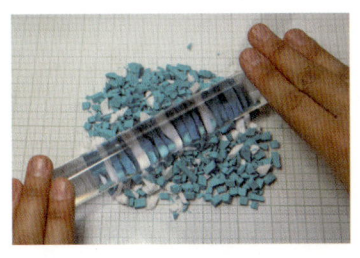

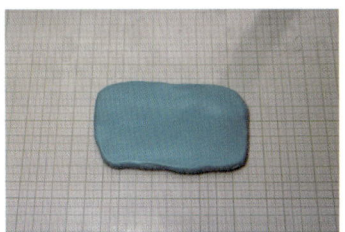

3 조각난 폴리머클레이와 유연제가 흩어지지 않도록 모아서 밀대에 무게를 가하며 굴린다.

4 마블링이 없어질 때까지 반죽하면 부드러운 반죽이 된다.

폴리머클레이 기름 빼기(단단하게 만들기)

<u>how to make!</u>

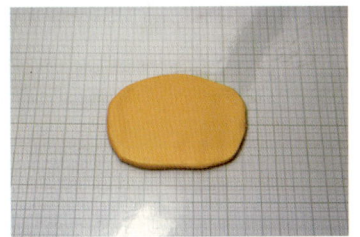

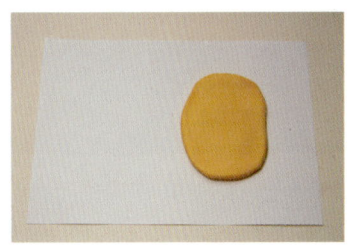

1 폴리머클레이를 납작하게 반죽한다.

2 코팅이 되어 있지 않은 깨끗한 종이를 준비한다.

3 반죽한 점토를 종이 한쪽에 올린다.

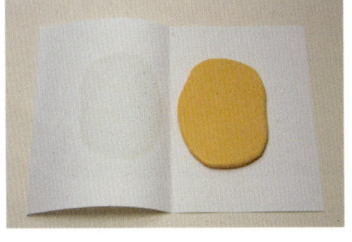

4 종이를 반으로 접어 점토에 밀착시킨다.

5 일정 시간이 지나면 점토에 있던 기름이 종이에 묻어나오면서 점토가 단단해진다. 점토 무르기에 따라 짧게는 5분에서 하루 정도 둔다.

반죽머신 설치 및 사용방법

how to make!

1 반죽머신은 본체, 고정나사, 손잡이 3종으로 구성되어 있다.

2 본체를 작업대 모서리에 놓고 고정나사를 조여 움직이지 않도록 고정한다.

3 본체에 손잡이를 조립한다.

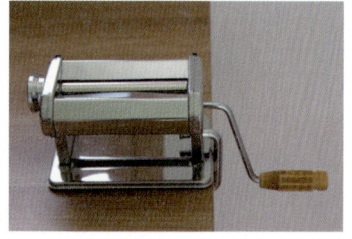

4 손잡이를 돌릴 수 있는 공간을 확인한다.

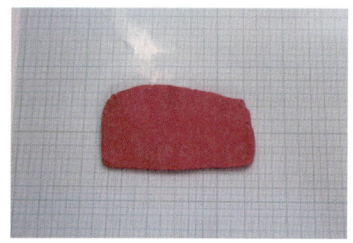

5 아크릴 밀대로 어느 정도 평평하게 반죽한 폴리머클레이를 준비한다.

6 폴리머클레이를 세워 잡고 반죽머신에 넣어 손잡이를 돌린다.

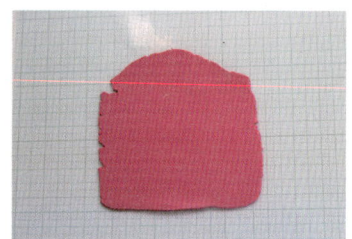

7 반죽머신을 사용하여 한 번 반죽한 폴리머클레이 모습이다.

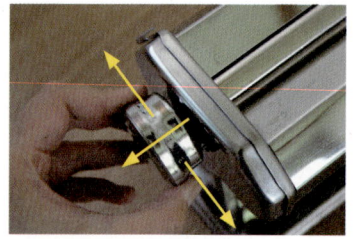

8 반죽머신 왼쪽에 두께 조절 손잡이가 있다. 두께를 조절하기 위해서는 손잡이를 잡아당기고 좌우로 돌리면 된다.

단계	두께
1	2.5 mm
2	1.8 mm
3	1.5 mm
4	1.3 mm
5	1.0 mm
6	0.8 mm
7	0.75 mm
8	0.6 mm
9	0.45 mm

9 두께 조절은 1단계가 가장 두껍고, 높은 숫자일수록 얇게 밀어진다. 반죽머신은 제조국이나 브랜드에 따라 두께 차이가 있을 수 있고, 높은 숫자가 두껍게 밀어지는 경우도 있다.

그러데이션 반죽

<u>how to make!</u>

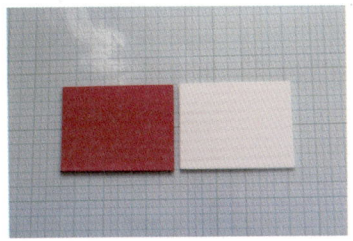

1 분홍색, 흰색 점토를 반죽머신 두께 1로 반죽하고 가로 80mm×세로 60mm로 각각 1장씩 준비한다.

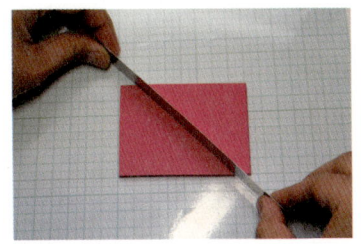

2 칼을 사용하여 두 가지 색 폴리머클레이를 대각선으로 자른다.

3 서로 다른 색을 한 조각씩 붙이고 반으로 접는다.

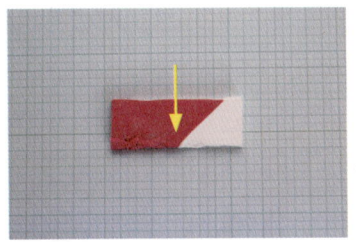

4 반죽머신 두께 1로 접힌 부분이 먼저 들어가도록 하여 밀어낸다.

5 반죽머신 두께 1로 한 번 밀어낸 모습이다.

➕ 반죽머신으로 반죽할 때는 두꺼운 두께로 먼저 밀어내고 점점 얇게 밀어내야 한다. 바로 얇게 밀어내면 점토가 끊어지거나 찢어질 수 있다.

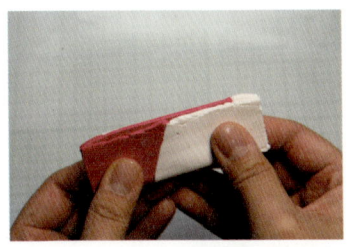

6 밀어낸 폴리머클레이를 반으로 접는다.

7 다시 접힌 부분이 먼저 들어가
도록 하여 밀어낸다.

8 두께 1로 두 번 밀어낸 모습이
다.

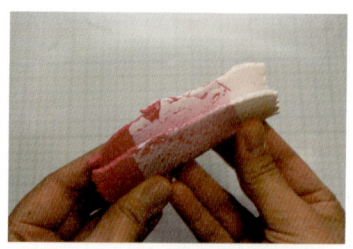

9 밀고 접기를 같은 두께마다 3~5
회 반복한다.

10 두께 2로 밀어낸 모습이다.

11 두께 3으로 밀어낸 모습이다.

12 두께 4로 밀어낸 모습이다. 반
죽 횟수가 늘어날수록 자연스러운
그러데이션이 만들어진다.

케인 보관하기

<u>**how to make!**</u>

1 사용하고 남은 케인을 투명 랩
으로 감싼다.

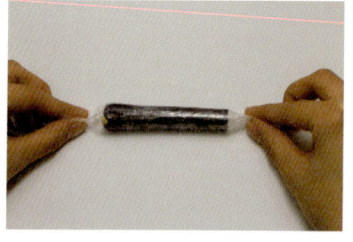

2 랩 끝을 말아 공기가 통하지 않도록 마무리하여 보관한다. 보관 기간은 장소,
계절에 따라 다르지만 2~3년은 사용할 수 있다.

오븐 사용법

how to make!

1 오븐은 온도조절이 가능한 오븐을 사용해야 한다.

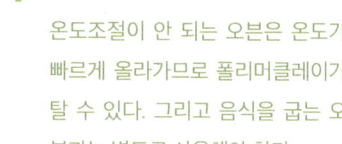

온도조절이 안 되는 오븐은 온도가 빠르게 올라가므로 폴리머클레이가 탈 수 있다. 그리고 음식을 굽는 오븐과는 별도로 사용해야 한다.

2 오븐 안에 있는 판 위에 종이를 깐다. 종이를 깔지 않고 구워내면 폴리머클레이에 오븐 판 자국이 생길 수 있다.

3 작품을 판 위에 올리고 오븐에 넣는다.

4 케인 크기에 따라 온도는 110~120도로 시간은 10~30분 정도로 굽는다.

5 오븐은 환기가 잘 되는 곳에서 사용해야 한다. 오븐에 구운 후에는 문을 열어 열을 충분히 식힌 후 작품을 꺼내야 한다.

04

케인 형태별 늘이기

폴리머클레이 케인은 늘이기를 잘해야 예쁜 작품을 만들 수 있다. 한쪽으로 힘이 가해지면 원하는 모양의 작품을 만들 수 없다. 여기서는 다양한 형태의 케인 늘이기 방법을 배운다.

원형 케인 늘이기

<u>how to make!</u>

1 원형 케인을 준비한다.

2 양손 엄지와 검지로 케인 가장자리를 둘러싸고 힘으로 눌러 케인을 늘인다.

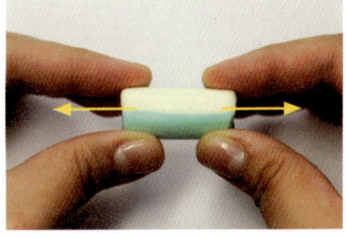

3 양손으로 케인 끝을 잡고 케인이 끊어지지 않도록 살살 당기면서 더 늘인다.

4 케인을 바닥에 놓고 손가락이나 손바닥으로 굴려 일정한 굵기로 더 늘인다.

5 원하는 크기만큼 케인을 늘인다.

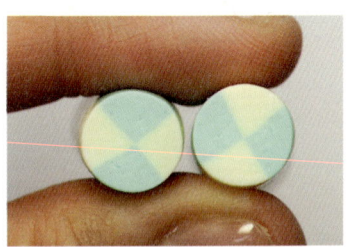

6 칼로 케인 중앙을 잘라 단면을 확인한다.

사각형 케인 늘이기

how to make!

1 사각형 케인을 준비한다.

2 양손 엄지와 검지로 케인을 잡고 골고루 힘을 가하여 케인을 늘인다.

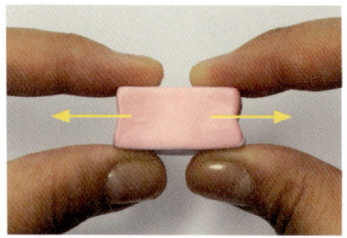

3 케인 양 끝을 잡고 끊어지지 않도록 살살 당기면서 더 늘인다.

4 모서리각을 살리면서 늘인다.
케인 모서리에 손가락이 닿지 않도록 신경 쓰면서 늘인다.

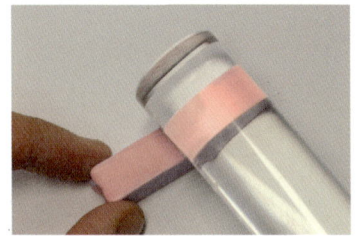

5 밀대로 옆면을 굴려가며 사각형 모양을 잡는다.

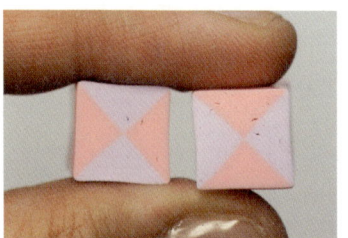

6 케인을 늘이고 중앙을 칼로 잘라 완성한 케인 단면을 확인한다.

삼각형 케인 늘이기

how to make!

1 삼각형 케인을 준비한다.

2 양손 엄지와 검지로 케인을 잡고 골고루 힘을 가하여 케인을 늘인다.

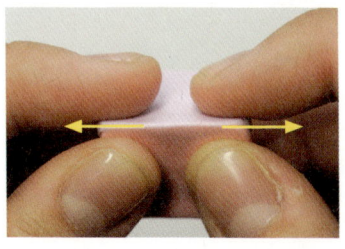

3 케인 모서리 부분을 살살 잡아 당기면서 늘인다. 모서리에 손가락이 닿지 않도록 주의하며 늘인다.

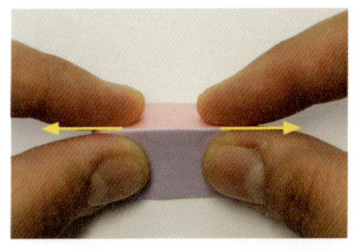 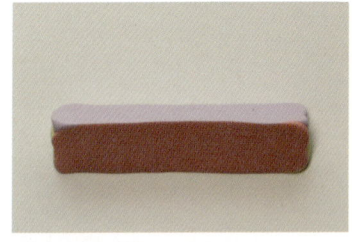 

4 늘이다 보면 모서리 부분이 가늘어지고 모양이 망가지게 된다. 케인을 바닥에 놓고 모양을 잡아가면서 늘이면 쉽게 만들 수 있다. 점토 모양을 유지하며 늘이기 위해서는 점토에 손가락 힘이 너무 많이 가해지지 않도록 힘 조절을 하며 살살 늘여야 한다.

5 칼로 케인의 중앙을 잘라 단면을 확인한다.

육각형 케인 늘이기

how to make!

  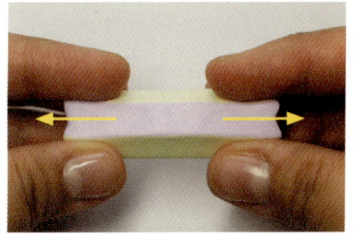

1 육각형 케인을 준비한다.

2 양손 엄지와 검지로 케인을 잡고 골고루 힘을 가하여 케인을 늘인다.

3 여섯 면의 각을 살리면서 늘여야 한다. 모서리에는 손가락이 닿지 않도록 신경 쓰면서 늘인다.

 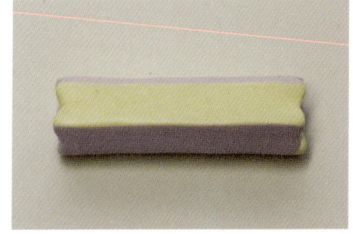 

4 옆면을 밀대로 굴려가며 육각형 모양을 잡는다.

5 케인을 늘이고 중앙을 잘라 완성한 케인 단면을 확인한다.

05

폴리머클레이의 다양한 기법

기본 기법 외에도 다양한 재료와 함께 반죽하거나, 다른 기법으로 반죽하면 색다른 질감을 표현할 수 있어 좀 더 다양하고 독특한 모양의 작품을 만들 수 있다.

유광 효과

how to make!

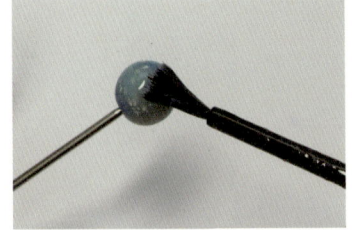

바니시 바르기, 전   후

1 구워낸 폴리머클레이 구슬을 준비한다.

2 유광바니시를 구슬 전체에 바르고 건조시킨다.

3 광택 효과를 주고 싶은 작품은 유광 바니시로 마감하면 된다.

꼬임 모양 만들기

how to make!

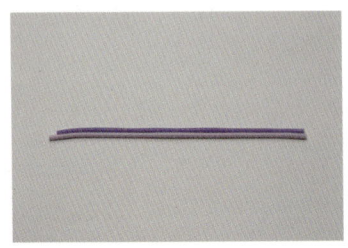

1 색이 다른 폴리머클레이 두 가닥을 가늘고 길게 만들어 나란히 붙인다.

2 왼손 검지로 끝을 잡고 오른손 검지로 반대편 끝을 밀어 올려 꼬아지도록 한다.

뜨개질 모양 만들기

<u>how to make!</u>

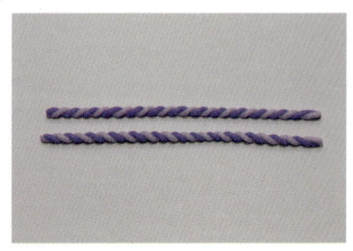

1 다른 방향의 꼬임 두 개를 준비한다.

2 두 가닥 꼬임을 나란히 붙인다.

3 붙인 두 가닥을 같은 길이로 4등분한다.

4 4등분한 네 조각을 나란히 붙인다.

5 하트모양 틀로 찍어낸다.

6 짙은 색 폴리머클레이 두 가닥으로 꼬임을 만든다.

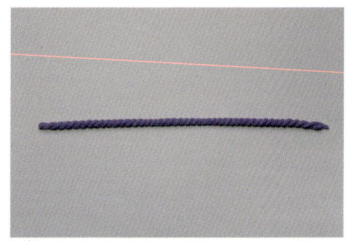

7 하트모양 테두리에 짙은 색 폴리머클레이를 두른다.

8 완성한 작품에 큐빅을 붙이면 더 예쁜 작품이 된다.

패턴 찍기

how to make!

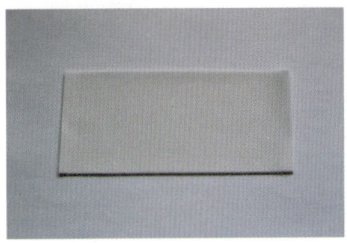

1 일정한 두께의 직사각형 폴리머클레이를 준비한다.

2 플라스틱 패턴을 준비한다. 패턴 모양을 찍어 낼 수 있는 재료면 무엇이든 가능하다.

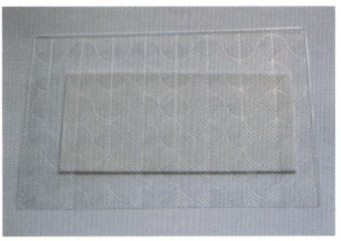

3 플라스틱 패턴을 폴리머클레이 위에 얹는다.

4 플라스틱 패턴 위에 아크릴 밀대를 놓고 누르며 굴린다.

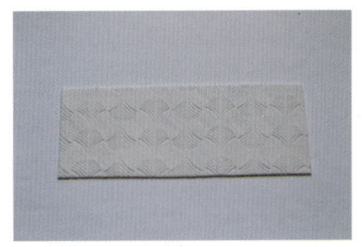

5 플라스틱 패턴을 떼어내면 폴리머클레이 위에 패턴 모양이 찍혀 나온다.

펄 파우더 바르기

how to make!

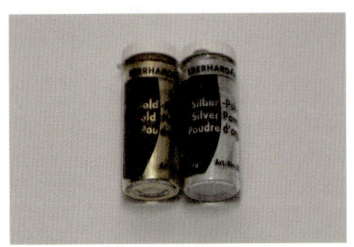

1 펄 파우더와 붓을 준비한다.

2 폴리머클레이 흰색을 반죽머신에 밀어 준비한다.

3 붓에 펄 파우더를 묻혀 폴리머클레이 위에 펄 파우더가 뭉치지 않도록 얇게 펴 바른다.

4 바로 옆에 다른 색의 펄 파우더를 바를 때는 색의 경계 부분이 자연스럽게 보이도록 주의하며 바른다.

5 두 가지 색의 펄 파우더를 바른 모습.

폴리머클레이를 구슬 모양으로 만들어 펄 파우더를 바르면 액세서리를 만들 때 유용하게 사용할 수 있다.

금박, 은박(이지메탈) 활용법

<u>how to make!</u>

  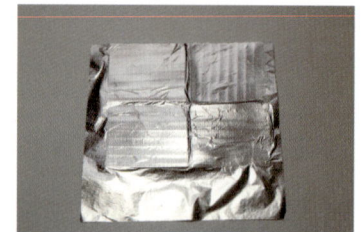

1 같은 크기의 다른 색 폴리머클레이 다섯 장과 은박지를 준비한다.

2 폴리머클레이 네 장을 나란히 놓고 은박지로 덮는다.

3 고무롤러로 폴리머클레이와 은박지를 밀어 붙인다.

4 네 장의 점토를 크기에 맞게 자른다.

5 은박지를 붙이지 않은 폴리머클레이를 포함하여 다섯 장을 준비한다.

6 은박지를 붙이지 않은 폴리머클레이를 가장 위에 두고 은박지가 겹치지 않게 다섯 장을 포갠다.

7 흰색 폴리머클레이를 반죽머신 두께 7로 밀어 길게 만든다.

8 포갠 폴리머클레이 모서리를 삼각형으로 자른다.

9 모서리를 자른 단면.

10 자른 단면에 흰색 폴리머클레이를 넣어 붙인다.

11 같은 방법으로 자르고 흰색 폴리머클레이 붙이기를 10~15회 반복한다.

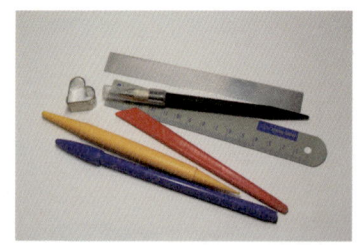

12 누르기 좋은 다양한 도구를 준비한다.

13 겹쳐 놓은 폴리머클레이를 다양한 도구로 누른다.

14 폴리머클레이를 반으로 자르고 겹친다.

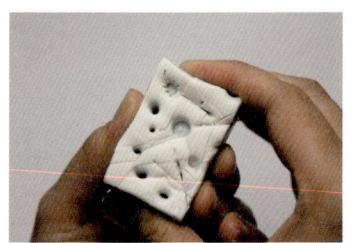

15 겹쳐 붙인 단면 모습

16 겹친 폴리머클레이를 가운데 방향으로 눌러 정육면체로 만든다.

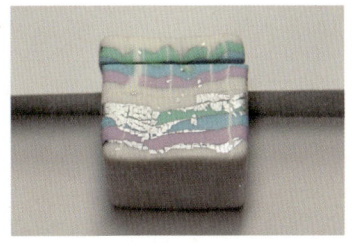

17 칼을 사용하여 반죽한 폴리머클레이를 자른다.

18 칼로 포를 뜨듯 폴리머클레이를 자르면 다양한 작품에 사용할 수 있다.

모자이크

<u>how to make!</u>

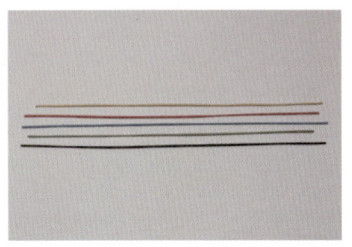

1 여러 색의 폴리머클레이를 가늘고 길게 밀어 110도 오븐에 5분간 굽는다.

2 구워낸 폴리머클레이를 칼을 사용하여 3~4mm 길이로 자른다.

3 액세서리에 검은색 폴리머클레이를 평평하게 붙이고 리퀴드를 바른다.

4 바른 리퀴드를 이쑤시개를 사용하여 얇게 펴 바른다.

5 폴리머클레이 조각 하나하나를 붙이며 문양을 만들고 오븐에 굽는다.

케인이란 폴리머클레이의 꽃으로 점토를 김밥처럼 말아 다양한 모양을 만드는 폴리머클레이 기법 중 하나이다. 케인을 만들어 놓으면 같은 작품을 다량 으로 제작할 수 있다는 장점이 있다. 기본기법을 배 우면 누구나 나만의 케인을 디자인하여 개성 있는 작품을 만들 수 있다.

Part
02

케인 만들기 기초

롤 케인

POLYMER CLAY

폴리머클레이 준비

—
흰색, 남색(각 1장)
반죽머신 두께 1
가로 100mm×세로 20mm

＊준비물
폴리머클레이(흰색, 남색)
반죽머신, 칼

과정 설명에서 빠른 이해를 돕기 위하여 '폴리머클레이'는 '점토'로 '플렉시블 폴리 블레이드'는 '칼'로 설명합니다.

how to make!

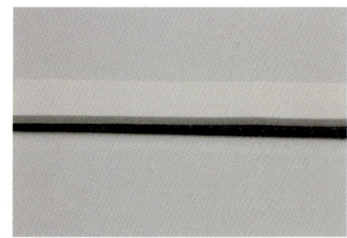

1 남색 점토 위에 흰색 점토를 겹쳐 올린다. 케인의 겉 부분이 될 색을 아래에 놓는다.

2 칼을 사용하여 30도 정도 각도로 점토 끝을 비스듬히 자른다.

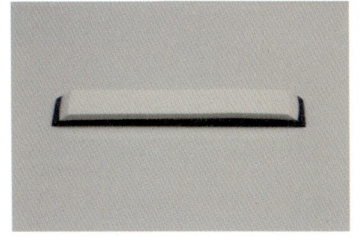

3 같은 방법으로 다른 한쪽 끝도 자른다.

4 한쪽 끝에서부터 점토를 김밥처럼 만다.

5 끝까지 말았을 때 끝부분에는 안쪽 흰색이 나오지 않도록 한다.

6 점토 중간 부분을 힘으로 눌러 길이를 늘인다.

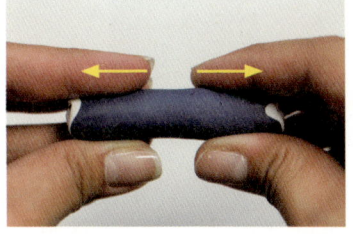

7 중간 부분 굵기와 같아지도록 양 끝을 잡고 끊어지지 않게 누르며 살살 당긴다.

8 원하는 굵기로 케인을 늘인다.

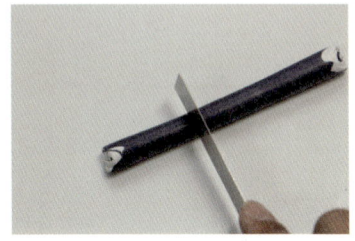

9 완성한 케인은 중앙 부분을 잘라 모양을 확인한다.

10 누구나 쉽게 만들 수 있는 롤 케인을 완성한 모습.

3색 롤 케인

POLYMER CLAY

폴리머클레이 준비

흰색, 하늘색, 반투명 흰색(각 1장)
반죽머신 두께 1
가로 120mm×세로 30mm

*준비물
  폴리머클레이(반투명 흰색, 흰색, 하늘색)
  반죽머신, 칼

how to make!

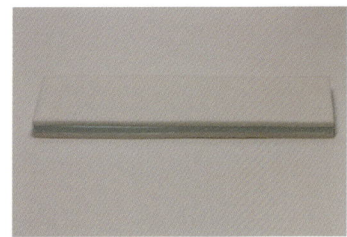

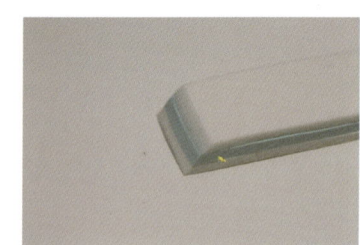

1 점토를 흰색, 하늘색, 반투명 흰색 순으로 겹쳐 올린다. 케인의 겉 부분이 될 색을 아래에 놓는다.

2 점토 끝을 대략 20도 각도로 비스듬히 자른다.

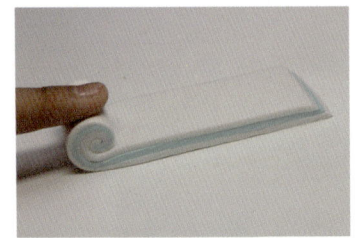

3 같은 방법으로 반대 끝도 비스 듬히 자른다.

4 한쪽 끝부터 점토를 만다. 끝까지 말았을 때 끝부분 안쪽 하늘색 점토가 밖으로 나오지 않도록 한다.

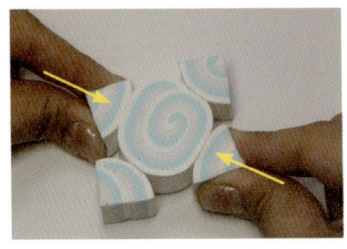

5 원기둥형태가 된 점토를 반으로 자른다.

6 잘라낸 조각 중 하나를 4등분 한다.

7 자르지 않은 조각에 잘라낸 네 조각을 사방에 붙인다.

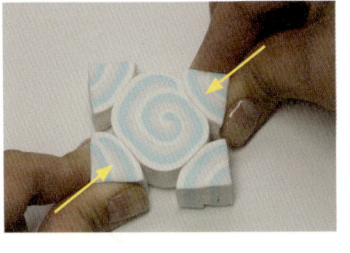

8 붙인 조각을 손으로 잡고 화살표 방향으로 눌러 사각형 모양을 만든다.

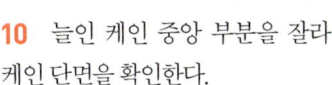

9 사각형 모양을 잘 유지하며 끊어지지 않도록 늘인다.

10 늘인 케인 중앙 부분을 잘라 케인 단면을 확인한다.

11 3색 롤 케인을 완성한 모습.

체크 케인

POLYMER CLAY

폴리머클레이 준비

흰색, 연분홍색(각 2장)
반죽머신 두께 1
가로 20mm×세로 60mm

＊준비물
　폴리머클레이(흰색, 연분홍색)
　반죽머신, 칼

how to make!

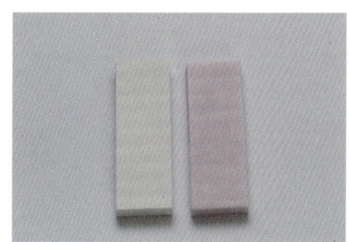

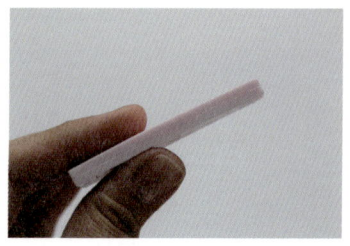

1　반죽한 같은 색 점토끼리 겹쳐 붙인다.

2　겹쳐 붙인 흰색과 분홍색 점토를 겹친다.

 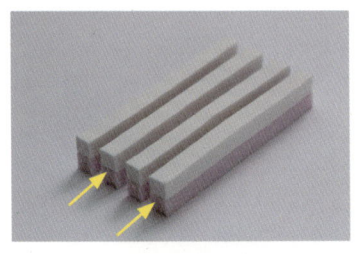 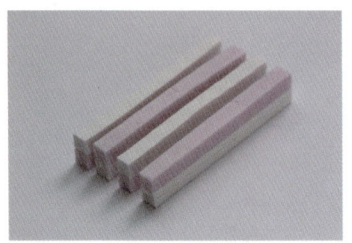

3 붙인 점토를 5mm 두께로 4등분한다.

4 두 번째, 네 번째 조각을 뒤집어 배열한다.

5 네 조각 점토를 다시 붙인다.

6 붙인 점토를 반으로 자른다.

 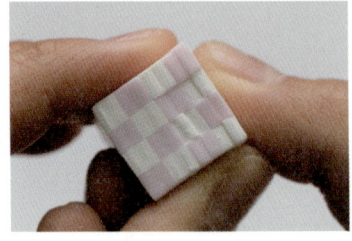 

7 색이 겹치지 않게 두 조각을 붙인다.

8 사각형 모양을 유지하며 끊어지지 않도록 케인 길이를 늘인다.

9 케인 중앙 부분을 잘라 완성한 체크 케인 단면을 확인한다.

누름 케인

POLYMER CLAY

폴리머클레이 준비

진분홍색, 주황색, 노란색, 하늘색
(각 1장)
반죽머신 두께 1
가로 120mm×세로 20mm

※준비물
폴리머클레이(진분홍색, 주황색, 노란색, 하늘색)
반죽머신, 칼, 카드

how to make!

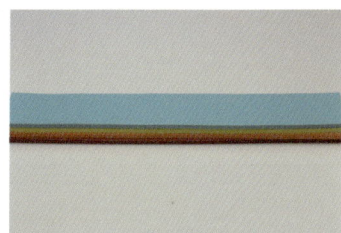

1 점토 네 가지 색을 겹쳐 올린다.
케인의 겉 부분이 될 색을 아래에 놓는다.

2 점토 끝을 45도 정도로 비스듬히 자른다.

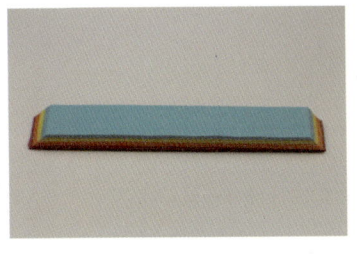

3 같은 방법으로 반대편 끝도 비스듬히 자른다.

4 한쪽 끝에서부터 점토를 김밥처럼 만다.

5 말았을 때 끝부분 안쪽 색 점토가 밖으로 나오지 않도록 한다.

6 카드나 납작한 판을 이용하여 점토의 둥근 면을 누른다.

7 카드를 점토 반지름 2/3 정도까지 밀어 넣는다.

8 같은 방법으로 네 방향에 카드를 밀어 넣는다.

9 다시 네 방향 사이마다 반지름의 1/2만큼 카드를 밀어 넣는다.

10 카드를 점토에 8번을 밀어 넣어 모양을 만든다.

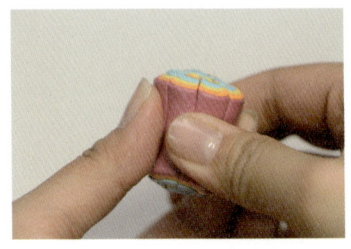

11 중앙 부분을 누르고 케인이 끊어지지 않도록 살살 길이를 늘인다.

12 작품에 사용할 굵기까지 케인을 늘인다.

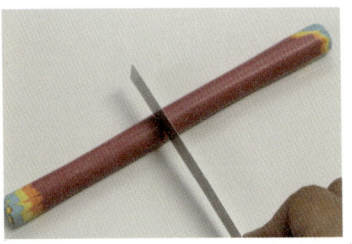

13 케인 중앙 부분을 잘라 모양을 확인한다.

14 누름 케인을 완성한 모습.

케인 만들기 기초 • 45

별 케인

POLYMER CLAY

폴리머클레이 준비

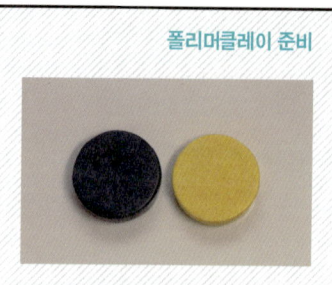

남색, 노란색(원기둥, 각 1개)
지름 40mm×높이 10mm

＊준비물
폴리머클레이(남색, 노란색)
별 모양 커터, 칼

how to make!

1 별 모양 커터를 점토에 놓고 별을 찍어낸다.

2 노란색 점토도 같은 방법으로
별 모양을 만든다.

3 두 가지 색 점토를 서로 바꾸어 안쪽에 별을 채워 넣는다.

4 별이 잘 들어가지 않을 때는 점토 한 부분을 자르고 넣으면 된다.

5 케인을 늘이고 완성한 별 케인 단면을 확인한다.

줄무늬 별 케인

POLYMER CLAY

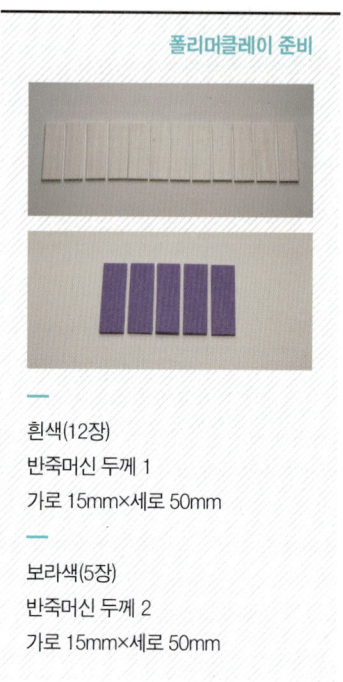

폴리머클레이 준비

흰색(12장)
반죽머신 두께 1
가로 15mm×세로 50mm

—

보라색(5장)
반죽머신 두께 2
가로 15mm×세로 50mm

*준비물
폴리머클레이(흰색, 하늘색, 보라색)
별 모양 커터, 반죽머신, 칼

how to make!

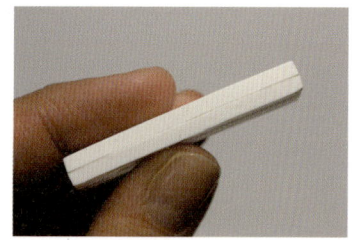

1 흰색 점토를 두 장씩 겹쳐 여섯 개를 만든다.

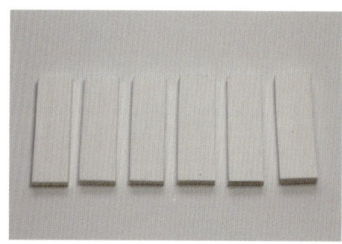

2 두 장 겹친 흰색 점토 위에 보라색 점토를 한 장 붙인다.

3 흰색과 보라색을 붙인 점토를 하나로 모아 붙인다.

4 하늘색 점토를 지름 50mm×높이 15mm 원기둥으로 만든다.

5 별 모양 커터로 사각 점토를 눌러 별 모양을 찍어낸다.

6 하늘색 원기둥 점토를 별 모양 커터로 별 모양을 찍는다.

7 별 모양을 찍은 원기둥 점토에서 커터를 빼낸다.

8 별 모양 커터와 점토를 각각 분리한다.

9 별 모양 점토를 서로 바꾸어 점토 안을 채운다.

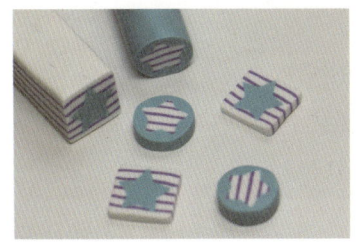

10 케인을 늘이고 완성한 줄무늬 별 케인 단면을 확인한다.

섬광 케인

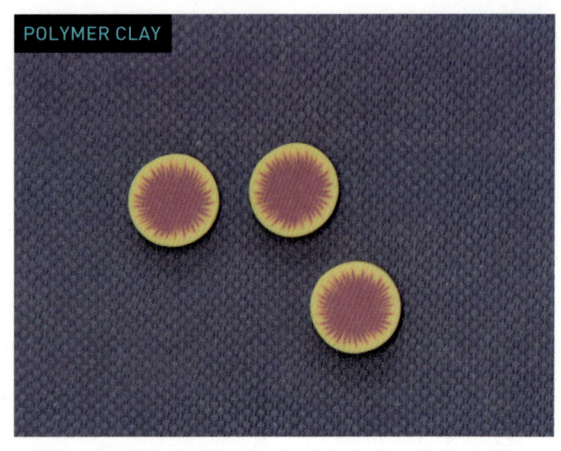

POLYMER CLAY

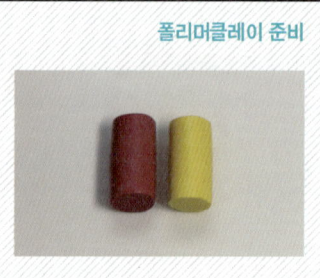

—
진분홍색, 노란색(원기둥, 각 1개)
지름 15mm×높이 30mm

*준비물
폴리머클레이(진분홍색, 노란색)
칼

how to make!

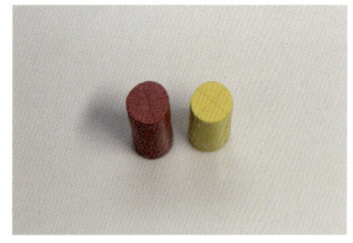

1 원기둥 점토에 같은 크기로 자르기 위해 칼로 십자를 표시한다.

2 원기둥 점토를 세워서 부채꼴이 되도록 4등분한다.

3 부채꼴 조각 진분홍색과 노란색 점토의 곡선이 서로 반대가 되도록 붙인다.

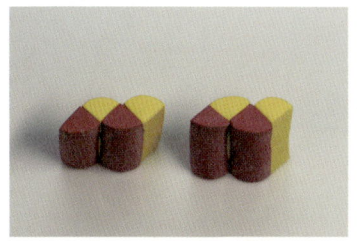

4 나머지 조각 점토도 붙여 네 세트를 만든다.

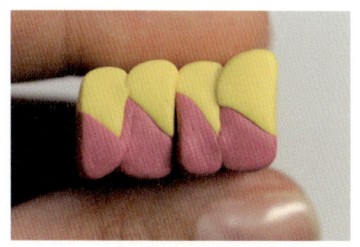

5 네 세트로 만든 점토를 모두 하나로 나란히 붙인다.

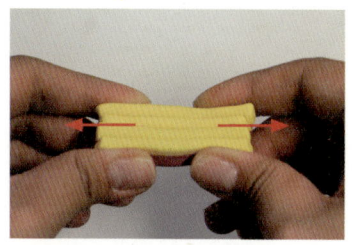

6 점토 양쪽을 잡아당겨 60mm 이상 되도록 늘인다.

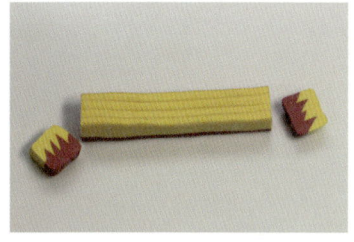

7 양쪽 여분 끝은 잘라내고 필요한 60mm 길이만 사용한다.

8 점토를 30mm가 되도록 반으로 자른다.

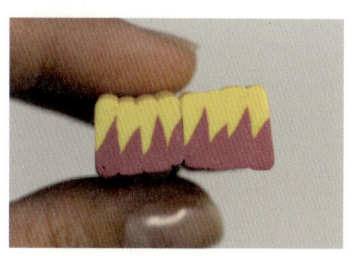

9 반으로 자른 점토를 옆으로 나란히 붙인다.

10 점토를 90mm 이상 될 때까지 늘이고 30mm 길이로 3등분한다.

11 케인의 중심이 될 분홍색 부분을 눌러 삼각형 모양으로 만들고 세 조각 케인을 부채꼴로 붙인다. 모양을 잡는 과정에서 점토 길이가 늘어나지 않도록 주의한다.

12 붙인 케인을 다시 2등분으로 자른다.

13 2등분한 케인을 원형이 되도록 붙인다.

14 케인을 늘이고 완성한 섬광 케인 단면을 잘라 확인한다.

무지개 케인

POLYMER CLAY

*준비물
폴리머클레이(빨간색, 주황색, 노란색, 초록색,
하늘색, 남색, 보라색)
반죽머신, 칼

폴리머클레이 준비

빨간색, 주황색, 노란색, 초록색,
하늘색, 남색, 보라색(각 1장)
반죽머신 두께 3
가로 120mm×세로 15mm

how to make!

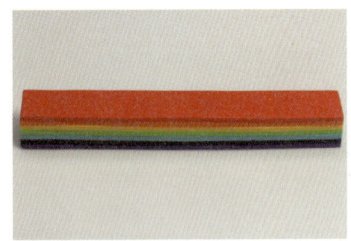

1 일곱 가지 색 점토를 차곡차곡 쌓고 30mm 길이로 4등분한다.

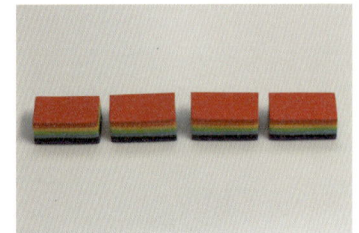

2 조각을 엄지와 검지로 눌러 삼
각형 모양을 만든다. 점토 길이가 늘어
나지 않도록 주의하며 만든다.

3 점토를 4등분한 모습(왼쪽), 삼각형으로 만든 모습(오른쪽)

4 4등분한 점토 모두를 삼각형으로 만든다.

5 네 조각을 색이 겹치지 않도록 붙인다.

6 붙인 점토를 반으로 자른다.

7 2등분한 점토를 원형이 되도록 붙인다.

8 케인을 늘이고 완성한 무지개 케인 단면을 확인한다.

조각 케인

POLYMER CLAY

*준비물

폴리머클레이(반투명 빨간색, 반투명 주황색,
반투명 노란색, 반투명 초록색, 반투명 파란색,
반투명 보라색, 흰색)
반죽머신, 칼

폴리머클레이 준비

반투명 빨간색, 반투명 주황색,
반투명 노란색, 반투명 초록색,
반투명 파란색,
반투명 보라색(원기둥, 각 1개)
지름 12mm×높이 20mm

how to make!

1 흰색 점토를 반죽머신 두께 5,
세로 20mm가 되도록 길게 만든다.

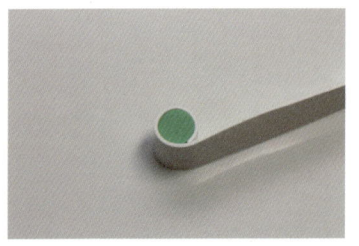

2 원기둥 점토 겉면에 흰색 점토를 모두 감는다.

3 여섯 개의 원기둥을 모두 붙여 하나의 원기둥으로 만든다.

원기둥을 모을 때 중앙에 모든 색이 위치하도록 배치해야 케인 완성 후 색 뭉침이 없다.

4 원기둥 점토 중심 부분을 수직으로 자른다.

5 자를 때마다 세 가지 이상 색이 보이도록 잘라야 예쁜 케인이 만들어진다.

6 한쪽 단면에 흰색 점토를 붙인다.

7 한 조각을 뒤집어 색상이 서로 어긋나도록 두 조각을 붙인다.

8 같은 방법을 5~6회 반복한 모습이다.

9 같은 방법을 15회 반복하여 조각 케인을 만든다.

10 케인을 늘이고 완성한 조각 케인 단면을 확인한다.

컬트 케인

POLYMER CLAY

폴리머클레이 준비

분홍색, 노란색, 초록색,
보라색(사각기둥, 각 1개)
가로 10mm×세로 10mm×높이 30mm

*준비물
　폴리머클레이(분홍색, 노란색, 초록색, 보라색, 검은색)
　반죽머신, 칼

how to make!

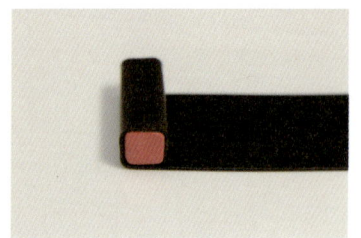

1　검은색 점토를 반죽머신 두께
7, 세로 30mm로 길게 만든다.

2　검은색 점토를 네 개의 사각기둥 겉면에 감는다.

3 사각기둥 점토를 사용할 80mm 보다 좀 더 길게 늘인다.

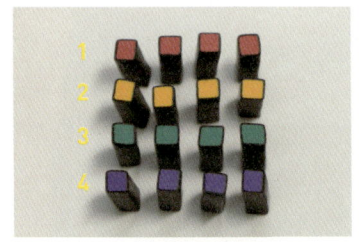

4 네 가지 사각기둥 점토를 20mm 길이로 4등분한다.

5 색 번호 ①②③④ - ②③④① - ③④①② - ④①②③ 순서대로 배열한다.

6 배열한 점토를 하나로 붙인다.

7 사각 점토를 사용할 80mm보다 좀 더 길게 늘인다.

8 양쪽 여분은 자라내고 80mm를 20mm 길이로 4등분한다.

9 4등분한 조각을 모양과 같이 붙인다.

10 케인을 늘이고 완성한 퀼트 케인 단면을 확인한다.

붙이는 방향에 따라 네 가지 문양으로 만들 수 있다.

하운드투스 체크 케인

POLYMER CLAY

폴리머클레이 준비

—

흰색, 검은색(정육면체, 각 2개)
가로 20mm×세로 20mm×높이 20mm

*준비물
폴리머클레이(흰색, 검은색)
칼

how to make!

1 정육면체는 사용할 크기보다 더 크게 만든 후 여섯 면을 잘라 만든다.

2 흰색과 검은색 점토 각각 하나에 십자 모양 칼집을 낸다.

3 점토에 표시한 십자 모양 교차 점을 지나도록 대각선으로 자른다.

4 자른 점토 조각을 서로 바꿔 붙인다.

5 점토에 표시한 양쪽 끝부분 모서리를 자른다.

6 모서리를 자른 점토를 바꿔 붙인다.

7 잘라 붙인 정육면체 두 개와 나머지 정육면체를 대각선으로 배치하여 붙인다.

8 사용할 80mm보다 충분히 길게 늘이고 모양이 나올 때까지 양쪽 끝을 자른다.

조각 수가 많은 케인을 만들 때는 끝부분을 많이 잘라내야 정상적인 모양이 만들어진다.

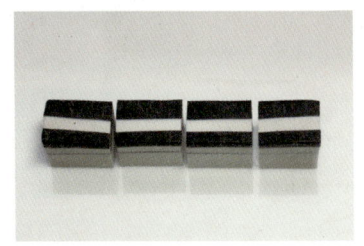

9 점토 길이 80mm를 20mm로 4등분한다.

10 4등분 조각을 같은 방향으로 붙인다.

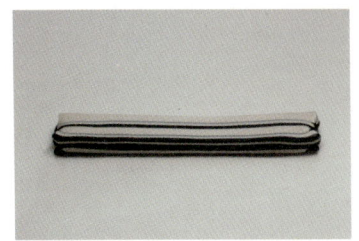

11 사용할 80mm보다 길게 늘여 여분 끝은 잘라내고 20mm 길이로 4등분한다.

12 네 조각을 같은 방향으로 배치하여 붙인다.

13 케인을 늘이고 완성한 하운드투스 체크 케인 단면을 확인한다.

폴리머클레이 케인에서 가장 인기가 좋고 예쁜 것은
꽃 케인이다. 누구나 쉽게 만들 수 있는 기본적인 꽃
케인에서부터 그러데이션 효과를 넣어 좀 더 섬세한
꽃 케인을 만드는 방법까지 배워 볼 수 있다.

Part
03

꽃 케인 만들기

기본형 꽃 케인

POLYMER CLAY

폴리머클레이 준비

—
노란색(원기둥, 1개)
지름 15mm×길이 75mm

*준비물
폴리머클레이(노란색, 주황색, 남색)
반죽머신, 칼

how to make!

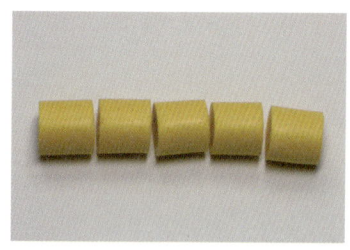

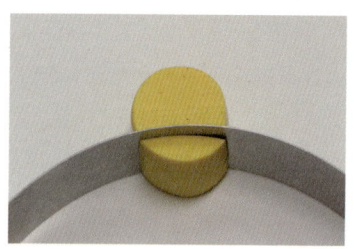

1 노란색 점토를 15mm 길이로 5
등분한다.

2 칼을 휘어지게 잡고 5등분한 모든 노란색 점토 조각 1/3지점을 둥글게 자
른다.

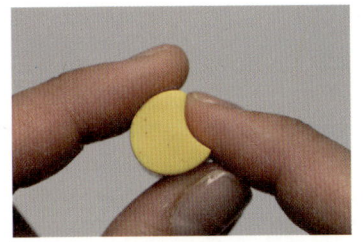

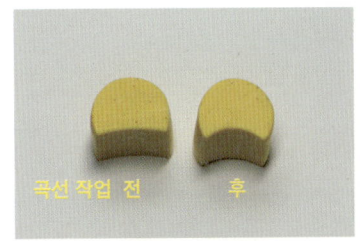

곡선 작업 전   후

3 잘라낸 곡선 면을 손가락으로 눌러 잘라낸 곡선 면보다 좀 더 굴곡지도록 만든다.

4 노란색 점토 다섯 조각으로 꽃잎을 만든다.

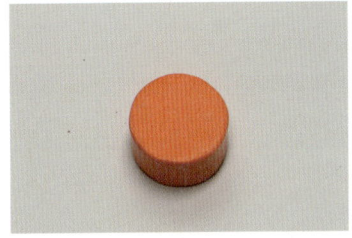

5 주황색 점토를 지름 20mm×높이 15mm 원기둥으로 반죽한다.

6 주황색 원기둥 점토를 노란색 꽃잎 사이에 넣는다.

7 남색 점토를 지름 25mm×높이 15mm 원기둥으로 반죽한다.

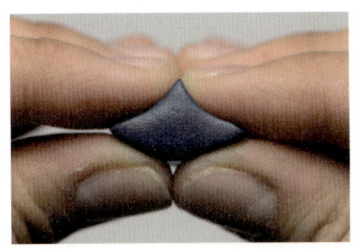

8 바탕이 될 남색 원기둥 점토를 5등분한다.

9 남색 다섯 조각 점토를 꽃잎 사이에 들어갈 크기의 부채꼴 모양으로 만든다.

10 남색 점토를 꽃잎 사이에 채워 붙인다.

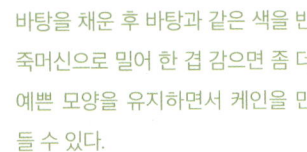

바탕을 채운 후 바탕과 같은 색을 반죽머신으로 밀어 한 겹 감으면 좀 더 예쁜 모양을 유지하면서 케인을 만들 수 있다.

11 남색 점토를 반죽머신 두께 1로 밀어 테두리에 한 겹 감는다.

12 케인을 늘이고 완성한 꽃 케인 단면을 확인한다.

장미 케인

POLYMER CLAY

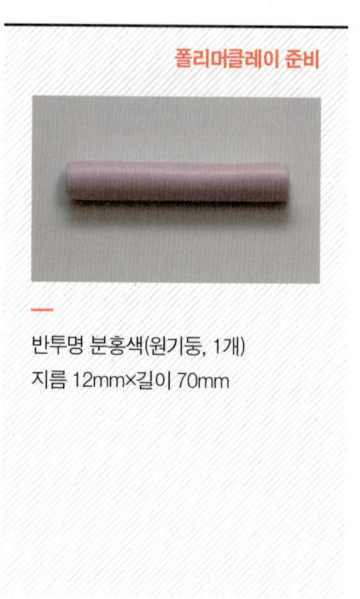

폴리머클레이 준비

반투명 분홍색(원기둥, 1개)
지름 12mm×길이 70mm

＊준비물
폴리머클레이(흰색, 반투명 분홍색)
반죽머신, 칼

how to make!

1 흰색 점토를 반죽머신 두께 4로 반죽하여 반투명 분홍색 원기둥 점토에 한 겹 감는다.

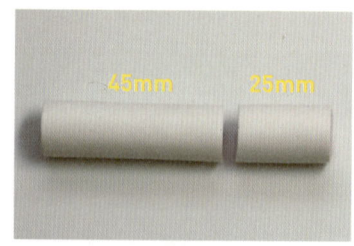

45mm   25mm

2 원기둥 점토를 45mm와 25mm 로 자른다.

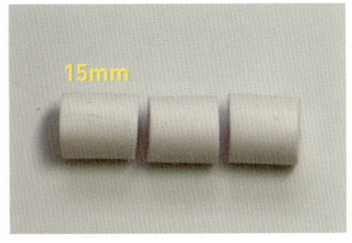

3 자른 45mm 점토를 15mm 길이로 3등분한다.

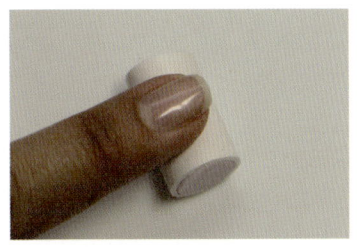

4 길이 25mm 조각을 30mm가 되도록 손가락으로 밀어 늘인다.

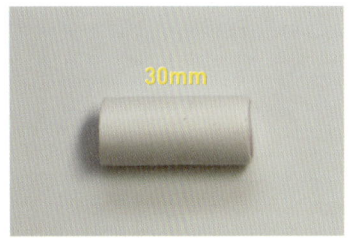

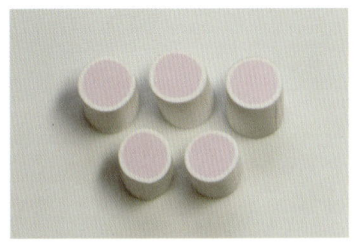

5 30mm로 늘인 점토를 15mm 길이로 2등분한다.

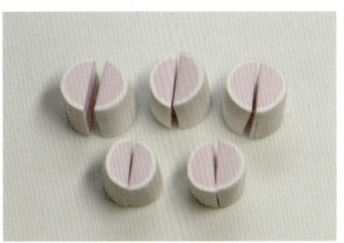

6 지름이 큰 원기둥 3개와 작은 원기둥 2개가 만들어진다.

7 원기둥 형태의 모든 점토를 2등분으로 자른다.

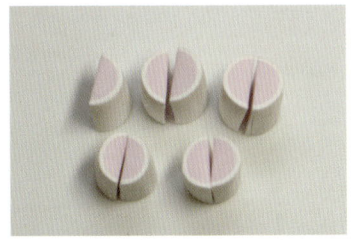

8 큰 원기둥 조각 중 하나를 빼고 다섯 조각만 사용한다.

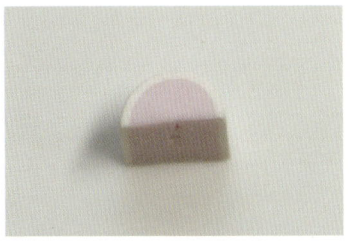

9 2등분한 점토를 양손 엄지와 검지를 사용하여 눈썹 모양으로 만든다.
모양을 만드는 과정에서 점토의 길이가 늘어나지 않도록 주의한다.

10 점토 조각을 모두 눈썹 모양으로 만든다.

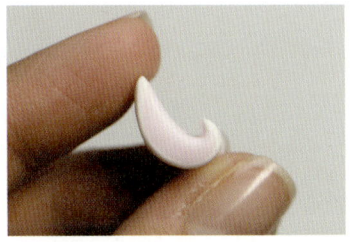

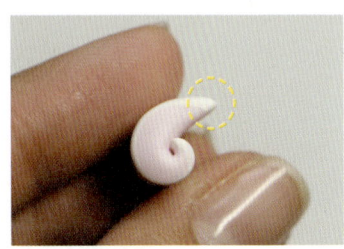

11 눈썹 모양으로 만든 점토 중 가장 작은 조각을 잡고 끝부분을 살짝 구부린다.

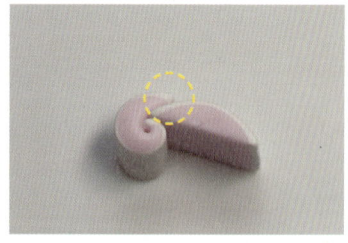

12 붙이지 않은 끝부분에 작은 조각 점토를 끼워 넣는다.

13 작은 조각 점토 세 개를 적당한 간격을 유지하며 한 바퀴 씌운다.

14 큰 조각 점토 다섯 개로 한 바퀴 더 감싸 두른다.

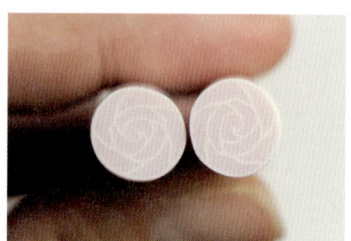

15 감싸 두른 점토를 붙인다.

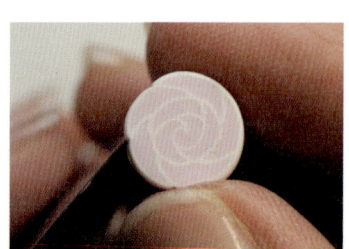

16 케인을 늘이고 단면을 확인한다.

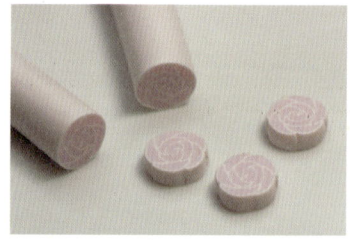

17 케인을 늘이면서 눌린 장미 꽃잎 부분을 칼등으로 살짝 눌러 꽃잎을 만든다. 칼등을 사용하기 때문에 손이 베이지 않도록 조심한다.

18 꽃잎 모양을 다듬어 완성한 장미 케인.

19 반투명 점토를 사용하여 굽기 전후 색상에 차이가 있다.

3단 그러데이션 장미 케인

POLYMER CLAY

* 준비물
폴리머클레이(흰색, 와인색)
반죽머신, 칼, 바늘

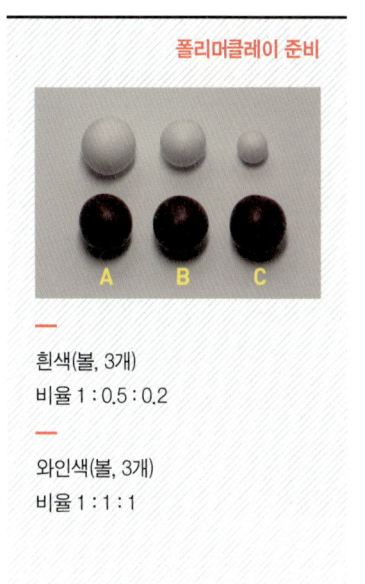

폴리머클레이 준비

흰색(볼, 3개)
비율 1 : 0.5 : 0.2

와인색(볼, 3개)
비율 1 : 1 : 1

how to make!

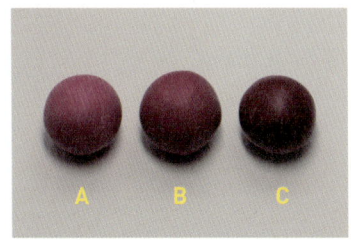

1 흰색과 와인색 점토를 각각 비율로 반죽한다.

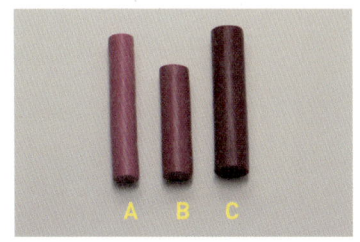

2 A : 지름 10mm×길이 60mm
B : 지름 12mm×길이 45mm
C : 지름 15mm×길이 60mm
세 가지 원기둥으로 만든다.

3 흰색 점토를 반죽머신 두께 4, 세로 60mm 크기로 만든다.

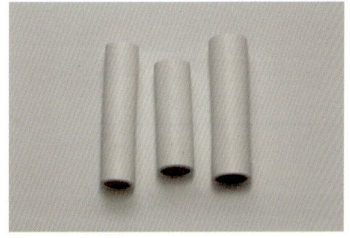

4 세 개의 원기둥 점토에 흰색 점토를 한 겹 감는다.

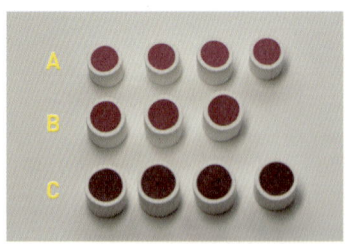

5 각 원기둥 점토를 15mm 길이로 자른다.

6 A 조각 점토 하나를 양손으로 잡는다.

7 점토를 양손으로 눌러 눈썹 모양으로 만든다.

8 점토를 둥근 모양으로 말아 장미꽃 중앙을 만든다. 점토 길이가 늘어나지 않도록 주의한다.

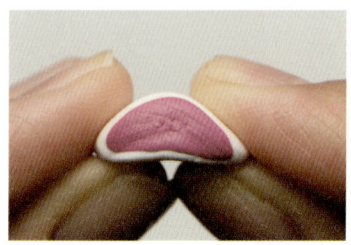

9 나머지 원기둥 점토를 모두 눈썹 모양으로 만든다.

10 점토색 농도별로 눈썹 모양을 만든 모습.

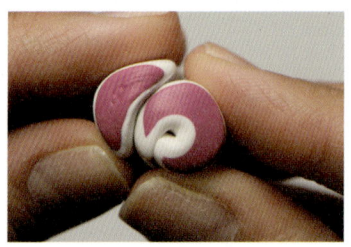

11 가장 연한 색인 A를 미리 말아놓은 중심에 둘러가며 붙인다.

12 두 번째로 진한 B는 삼각형 형태로 붙인다.

13 가장 진한 C는 바깥을 채워 장미 모양을 완성한다.

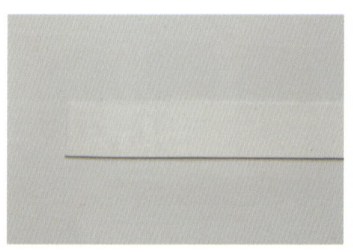

14 흰색 점토를 반죽머신 두께 5, 세로 15mm를 만든다.

15 반죽한 흰색 점토를 장미 점토 테두리에 한 겹 감는다.

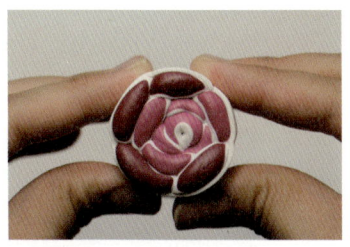

16 원형 모양으로 케인을 늘인다.

17 원하는 크기만큼 늘인 후 단면을 잘라 모양을 확인한다.

18 장미 꽃잎을 바늘로 살짝 눌러 모양을 만든다.

19 바늘로 꽃잎 효과를 주기 전 (왼쪽)과 후의 모습(오른쪽).

20 그러데이션 기법 없이 그러데이션 효과를 낼 수 있는 장미 케인을 완성하였다. 점토 테두리 색을 다르게 하면 완전히 다른 분위기의 장미 케인이 된다.

그러데이션 장미 케인

POLYMER CLAY

폴리머클레이 준비

—

흰색, 분홍색(각 1장)
반죽머신 두께 1
가로 80mm×세로 60mm

* 준비물
  폴리머클레이(흰색, 분홍색)
  반죽머신, 칼

how to make!

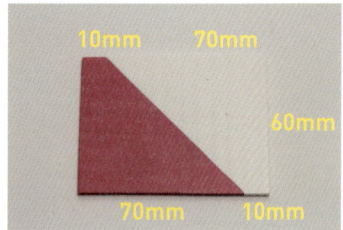

10mm 70mm
60mm
70mm 10mm

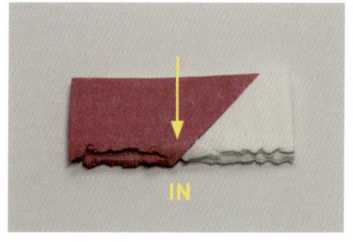

IN

1 두 가지 색 점토를 대각선으로
잘라 가로 80mm×세로 60mm 직사
각형을 만든다.

2 점토를 반으로 접고, 화살표 방향으로 반죽머신에 넣어 두께 5까지 그러
데이션한다.

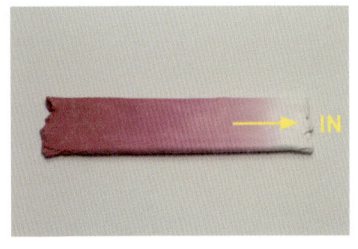

3 점토를 3등분으로 접고 흰색 부분부터 반죽머신에 넣는다.

4 점토를 반죽머신 두께 5까지 그러데이션한다.

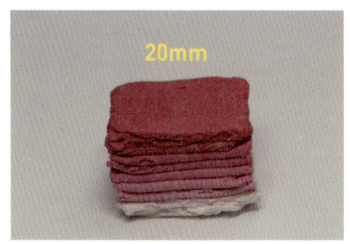

5 분홍색 점토부터 20mm 폭으로 차곡차곡 접는다.

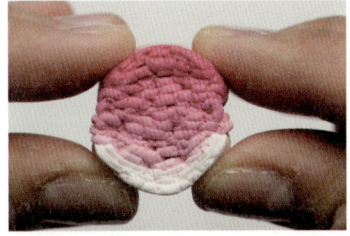

6 점토 모서리를 눌러 원형으로 만든다.

7 점토를 다듬어 그러데이션 원기둥을 만든다.

8 같은 방법으로 그러데이션 원기둥 점토를 하나 더 만든다.

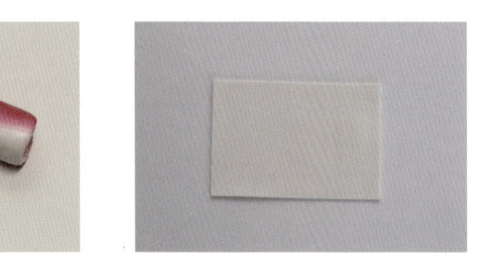

9 흰색 점토를 반죽머신 두께 6으로 직사각형을 만든다.

10 흰색 직사각형 점토로 그러데이션 원기둥 점토 테두리를 감는다.

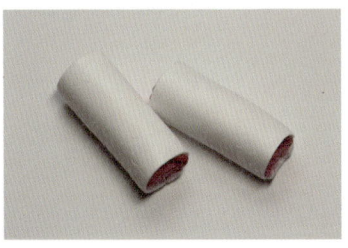

11 원기둥 점토를 길게 늘인다.

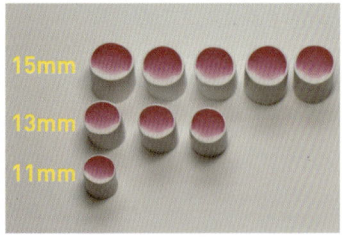

12 지름 15mm 원기둥 5개, 지름 13mm 원기둥 3개, 지름 11mm 원기둥 1개를 만든다.

13 지름 11mm 원기둥의 분홍색이 안쪽으로 향하도록 하여 눈썹 모양을 만들고 끝부분은 붙이지 않고 말아 놓는다. 모양을 잡는 과정에서 점토의 길이가 늘어나지 않도록 한다.

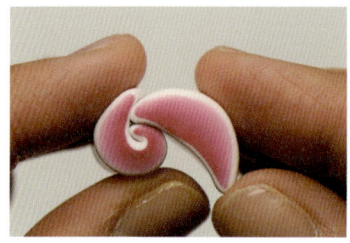

14 나머지 점토도 분홍색이 안쪽으로 향하도록 하여 눈썹 모양을 만든다.

15 말아 놓은 지름 11mm 점토 틈에 지름 13mm 눈썹 모양 점토를 끼워 넣는다.

16 적당한 간격을 유지하며 나머지 지름 13mm 점토를 붙인다.

17 지름 15mm 점토 다섯 개를 일정한 간격으로 한 바퀴 붙인다.

18 원형 케인을 늘이고 중앙을 잘라 단면을 확인한다.

19 늘이면서 평평해진 장미 잎을 칼등으로 살짝 눌러 꽃잎을 살린다.

20 오른쪽 케인보다 꽃잎 모양을 살린 왼쪽 케인이 더 예쁘다.

그러데이션 나뭇잎 케인

POLYMER CLAY

연노란색, 연두색(각 1장)
반죽머신 두께 1
가로 50mm×세로 40mm

※준비물
폴리머클레이(연노란색, 연두색, 진한 초록색)
반죽머신, 칼

how to make!

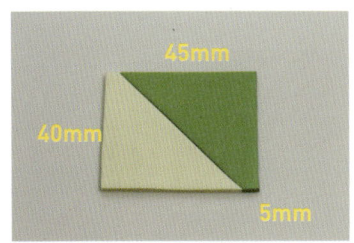

45mm
40mm
5mm

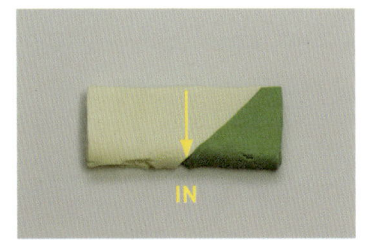

IN

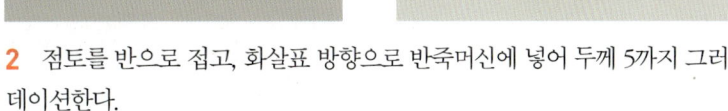

1 두 가지 색 점토를 대각선으로 잘라 가로 50mm×세로 40mm 직사각형을 만든다.

2 점토를 반으로 접고, 화살표 방향으로 반죽머신에 넣어 두께 5까지 그러데이션한다.

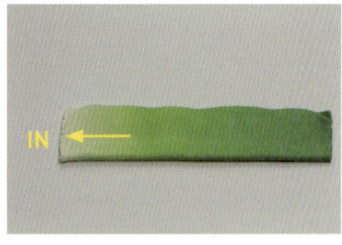

3 그러데이션한 후 반으로 접어 연노란색이 먼저 들어가도록 반죽 머신에 넣는다.

연노란색부터 반죽머신에 넣는 이유는 연노란색 점토가 연두색보다 점토량이 적기 때문에 모양이 일정하게 나오지 않을 경우 연노란색 점토 낭비를 최소화할 수 있기 때문이다.

4 점토를 두께 5까지 그러데이션한다.

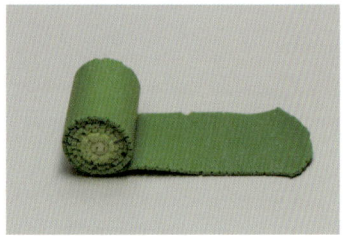

5 연노란색이 중심이 되도록 점토를 만다.

6 점토를 눌러 지름 20mm×높이 15mm 원기둥을 만든다.

7 원기둥 점토를 같은 두께로 4등분한다.

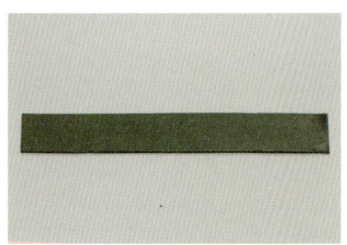

8 진한 초록색 점토를 반죽머신 두께 5, 세로 15mm로 길게 만든다.

9 잘라낸 사이사이에 진한 초록색 점토를 넣는다.

10 점토를 대각선으로 자르고 진한 초록색 점토를 넣는다.

11 점토 한 조각을 뒤집어 진한 초록색 점토가 V가 모양이 되도록 붙인다.

12 진한 초록색 점토를 테두리에 한 바퀴 감고 뾰족한 부분을 다듬어 나뭇잎 모양을 만든다.

13 케인을 늘이고 단면을 잘라 완성한 그러데이션 나뭇잎 케인을 확인한다.

스트라이프 나뭇잎 케인

POLYMER CLAY

폴리머클레이 준비

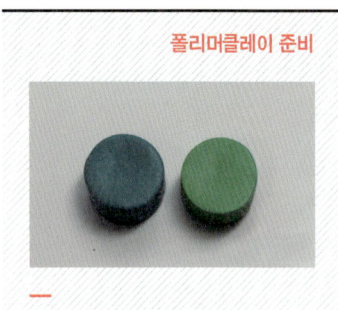

청록색, 초록색(원기둥, 각 1개)
지름 20mm×높이 15mm

✳준비물
　폴리머클레이(초록색, 청록색, 진한 초록색)
　반죽머신, 칼

how to make!

1 점토를 일정한 두께로 자르기 위해 칼로 미리 선을 그린다.

2 선을 따라 일정한 두께로 6등분 한다.

3 잘라낸 점토를 초록색, 청록색 순으로 번갈아가며 붙인다.

4 점토를 모두 붙이면 긴 타원형 모양이 된다.

5 긴 타원형 모양 점토를 다듬어 좀 더 둥근 모양이 되도록 만든다.

6 모양을 잡은 점토를 대각선으로 자른다.

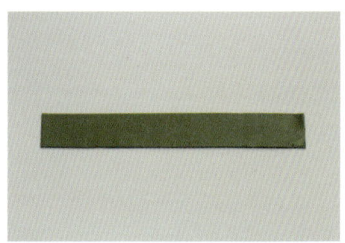

7 진한 초록색 점토를 반죽머신 두께 5, 세로 15mm가 되도록 만든다.

8 한쪽 점토를 뒤집고 잘라낸 사이에 진한 초록색 점토를 넣는다.

9 진한 초록색 점토로 테두리를 한 바퀴 감는다.

10 케인을 늘이고 단면을 잘라 완성한 스트라이프 나뭇잎 케인을 확인한다.

장미와 잎 케인

POLYMER CLAY

폴리머클레이 준비

─
그러데이션 장미 케인
그러데이션 나뭇잎 케인

* 준비물
폴리머클레이(반투명 흰색)
그러데이션 장미 케인, 그러데이션 나뭇잎 케인
반죽머신, 칼

how to make!

1 장미 케인에 나뭇잎 케인을 붙인다.

2 반투명 흰색 점토를 반죽머신 두께 7로 만든다.

3 장미와 나뭇잎 케인 테두리에 반투명 흰색 점토를 3~4바퀴 감는다.

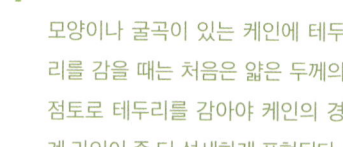

모양이나 굴곡이 있는 케인에 테두리를 감을 때는 처음은 얇은 두께의 점토로 테두리를 감아야 케인의 경계 라인이 좀 더 섬세하게 표현된다.

4 좀 더 두꺼운 반투명 흰색 점토로 테두리에 더 감는다.

5 칼을 사용하여 울퉁불퉁한 부분을 잘라낸다.

굽기 전   후

6 고르지 못한 부분은 점토로 채워 원형 케인으로 만든다.

7 케인을 늘이고 단면을 잘라 완성한 케인 모양을 확인한다.

8 케인 테두리에 반투명 점토를 사용했기 때문에 오븐에 구우면 반투명하게 변한다.

78

반투명 꽃 케인

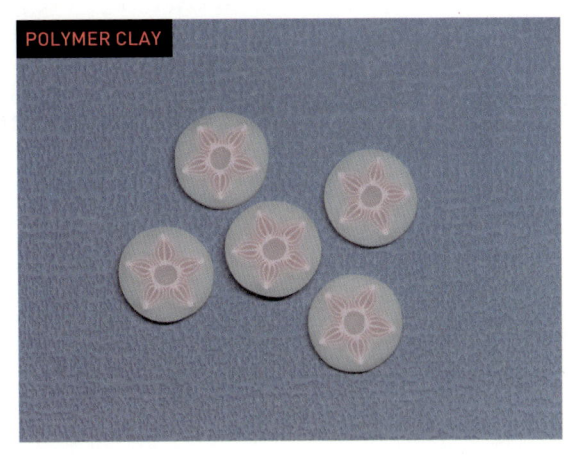

POLYMER CLAY

*준비물
폴리머클레이(반투명 흰색, 연분홍색)
반죽머신, 칼, 닷팅툴

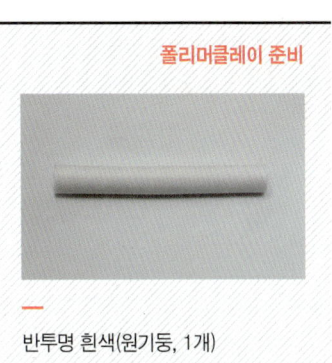

폴리머클레이 준비

반투명 흰색(원기둥, 1개)
지름 12mm×높이 90mm

how to make!

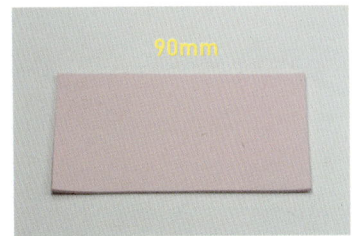

90mm

1 연분홍색 점토를 반죽머신 두께 4, 가로 90mm 직사각형으로 만든다.

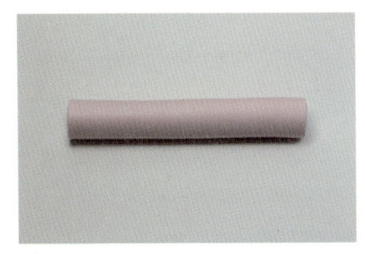

2 연분홍색 점토로 반투명 흰색 원기둥을 한 겹 감는다.

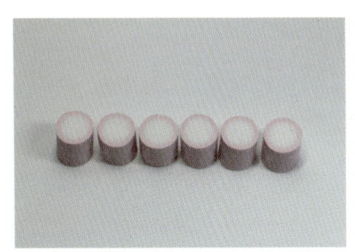

3 원기둥 점토를 15mm 길이로 6등분한다.

점토 조각을 반달 모양 또는 눈썹 모양으로 만들 때는 조각 높이가 변하지 않도록 주의하며 만들어야 한다.

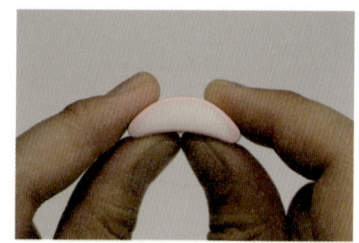

4 점토 두 조각의 양쪽 끝을 눌러 반달 모양으로 만든다.

5 또 다른 두 조각은 살짝 휜 눈썹 모양으로 만든다.

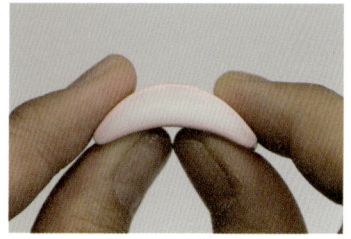

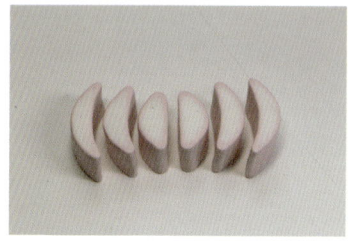

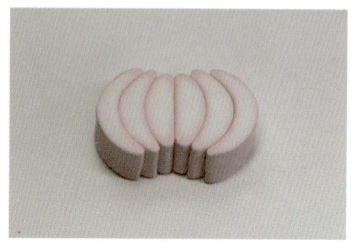

6 나머지 두 조각은 더 얇은 눈썹 모양으로 만든다.

7 세 가지 모양의 여섯 조각을 '반달 모양 - 눈썹 모양 - 얇은 눈썹 모양' 순으로 배치한다.

8 배치한 점토를 하나로 붙인다.

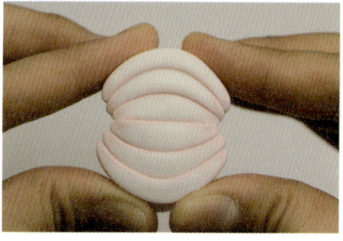

9 붙인 여섯 조각의 점토 높이가 일정해야 한다.

10 점토 위아래를 손으로 잡고 힘을 가하여 원기둥 모양으로 만든다.

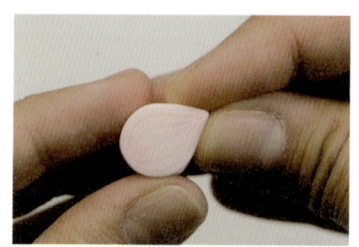

11 원기둥 점토를 사용할 길이 75mm보다 좀 더 늘인 후 여분 끝은 잘라내고 15mm 길이로 5등분한다.

12 원형 모양 점토를 물방울 모양으로 만든다.

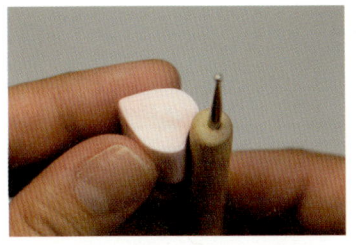

13 닷팅툴 옆면으로 꽃잎 중심이 들어갈 부분을 눌러 곡선처리한다.

14 다섯 개의 꽃잎을 같은 방법으로 만든다.

15 반투명 흰색 점토로 지름 10mm×높이 15mm 원기둥을 만든다.

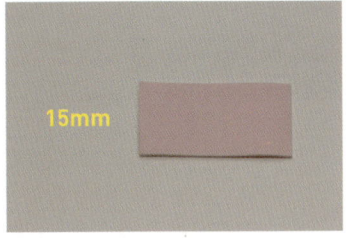

16 연분홍색 점토를 반죽머신 두께 6, 세로 15mm 직사각형으로 만든다.

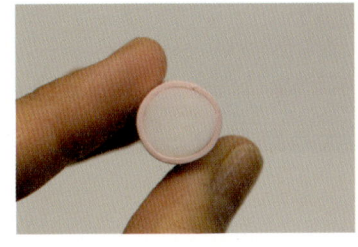

17 반투명 흰색 원기둥에 연분홍색 점토를 한 겹 감는다.

18 원기둥을 꽃잎 사이에 들어갈 크기로 늘인 후 넣는다.

19 반투명 흰색 점토로 지름 35mm×높이 15mm 원기둥을 만들어 5등분한다.

20 반투명 흰색 점토 다섯 조각을 부채꼴 모양으로 만든다.

21 부채꼴 모양 점토를 꽃잎 사이에 붙인다.

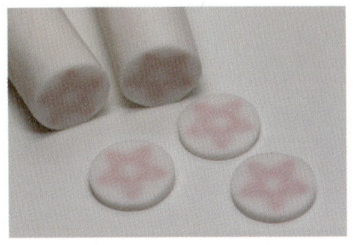

22 케인을 늘이고 완성한 반투명 꽃 케인 단면을 확인한다.

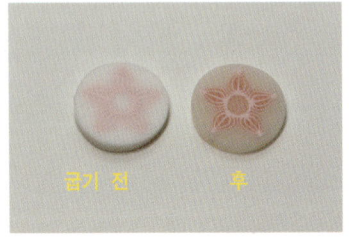

23 테두리에 사용한 반투명 흰색 점토는 오븐에 구우면 반투명하게 변한다.

고추꽃 케인

POLYMER CLAY

폴리머클레이 준비

흰색(원기둥, 1개)
지름 40mm×높이 15mm

*준비물

폴리머클레이(반투명 흰색, 반투명 파란색,
반투명 하늘색, 흰색, 노란색, 초록색)
반죽머신, 칼, 빨대(소), 닷팅툴

how to make!

1 원기둥 점토에 절단선을 그려
놓고 선을 따라 4등분한다.

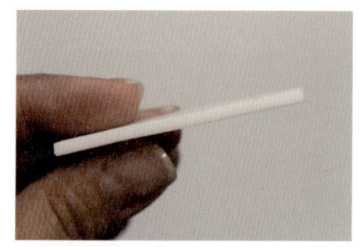

2 반투명 흰색 점토를 반죽머신
두께 1, 세로 15mm로 만든다.

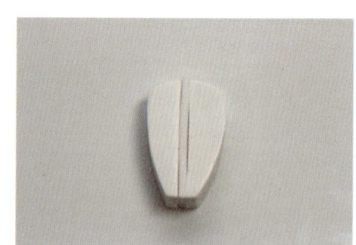

3 반투명 흰색 점토를 가운데 두
조각 사이에 넣는다.

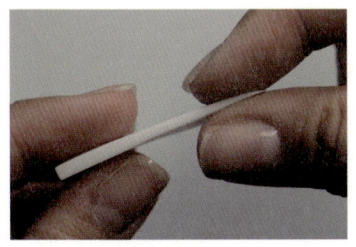

4 반투명 흰색 점토 한쪽 끝을 눌러 뾰족하게 만든다.

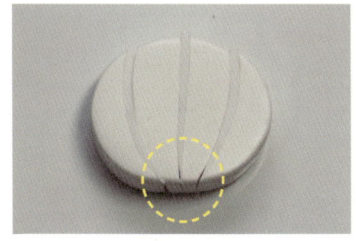

5 점토 뾰족한 부분이 아래쪽으로 향하도록 하여 흰색 점토 사이에 넣는다.

6 점토 아래쪽에 여러 개의 칼집을 낸다.

7 칼집 사이사이에 반투명 흰색 점토를 넣는다.

8 점토 여러 겹 아래쪽이 꽃잎 중앙 부분이 된다.

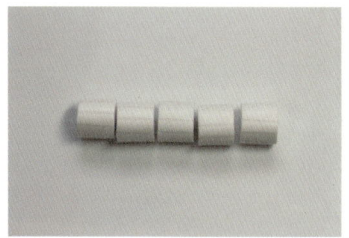

9 점토를 사용할 75mm보다 좀 더 늘인 후 양쪽 여분은 잘라내고, 15mm로 길이로 5등분한다.

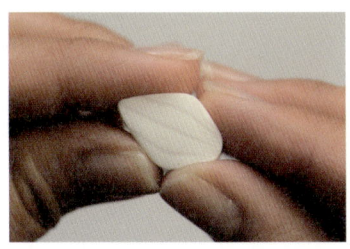

10 점토를 물방울 모양으로 만든 후 양손으로 눌러 오각형 모양으로 만든다.

11 닷팅툴 옆면으로 꽃잎 중심 부분을 눌러 곡선처리한다.

12 다섯 개 꽃잎을 같은 방법으로 모두 만든다.

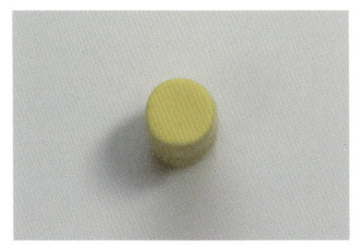

13 노란색 점토로 지름 5mm, 높이 10mm 원기둥을 만든다.

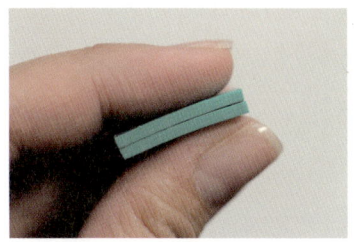

14 초록색 점토를 반죽머신 두께 2, 세로 10mm로 만들어 두 겹으로 겹친다.

15 두 겹 초록색 점토를 노란색 원기둥 점토에 감는다.

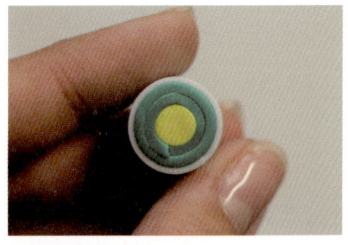

16 반투명 흰색 점토를 반죽머신 두께 6, 세로 10mm 만들어 초록색 테두리에 감는다.

17 꽃잎 중앙에 들어갈 크기로 늘인 후 끼워 넣는다.

18 빨대(소)를 사용하여 꽃잎과 꽃 중심 경계에 구멍을 뚫는다.

19 경계선을 따라 일곱 개의 구멍을 뚫는다.

20 반투명 파란색 점토를 반죽하여 구멍에 넣는다.

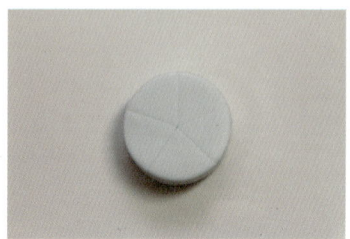

21 반투명 하늘색 점토로 지름 40mm×높이 15mm 원기둥을 만들어 5등분한다.

22 반투명 하늘색 점토 조각을 부채꼴 모양으로 만든다.

23 부채꼴 모양 점토를 꽃잎 사이 사이에 붙인다.

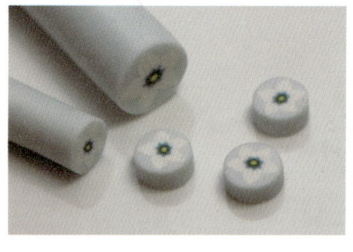

24 케인을 늘이고 완성한 고추꽃 케인 단면을 확인한다.

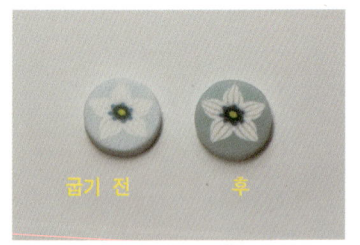

굽기 전   후

25 고추꽃 케인의 바탕색은 반투명 점토를 사용하였기 때문에 오븐에 굽기 전후 색 차이가 있다.

반투명 흰색 점토를 제외하고 색상이 있는 반투명 점토를 오븐에 구워 내면 굽기 전보다 색이 더 진해진다.

네잎클로버 케인

POLYMER CLAY

＊준비물
폴리머클레이(반투명 흰색, 흰색, 연두색, 초록색)
반죽머신, 칼, 카드

폴리머클레이 준비

—
초록색(1장)
반죽머신 두께 1
가로 90mm×세로 70mm

—
연두색(1장)
반죽머신 두께 1
가로 10mm×세로 70mm

how to make!

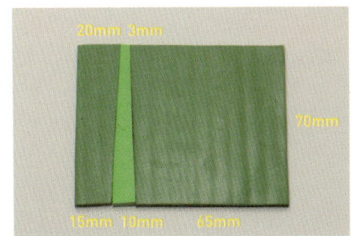

20mm 3mm
70mm
15mm 10mm 65mm

IN

1 두 가지 색 점토로 사진과 같이 가로 90mm×세로 70mm 직사각형을 만든다.

2 점토를 반으로 접어 화살표 방향으로 반죽머신에 넣어 두께 4까지 그러데이션한다.

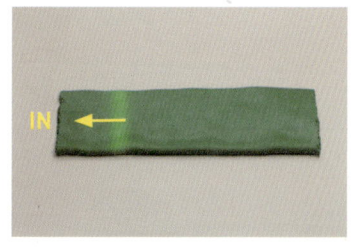  

3 그러데이션한 후 반으로 접어 연두색이 가까운 쪽이 먼저 들어가도록 반죽머신에 넣어 두께 7로 밀어낸다. 연두색이 가까운 쪽부터 반죽머신에 넣어야 그러데이션 효과가 제대로 나온다.

4 연두색이 가까운 쪽부터 점토를 돌돌 만다.

5 손가락으로 눌러 지름 30mm× 높이 30mm 원기둥을 만든다.

6 칼로 원기둥 단면에 8등분 선을 표시한다.

7 원기둥 단면 표시를 따라 기둥 면에도 연장선을 그린다.

 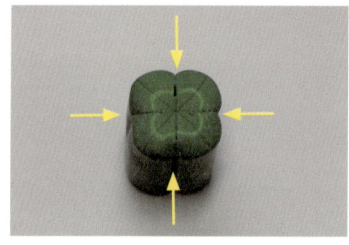 

8 표시 선을 따라 연두색 선까지 카드를 넣어 누른다.

9 표시선을 따라 네 방향을 카드 넣어 누른다.

10 카드로 누르지 않은 대각선을 따라 4등분한다.

11 잘라낸 조각은 손가락으로 다듬어 하트 모양을 만든다.

12 네 조각 모두 하트 모양으로 만든다.

13 흰색 점토를 반죽머신 두께 7, 세로 30mm로 만든다.

14 하트 꼭짓점을 제외하고 흰색 점토를 한 겹 감는다.

15 네 조각 모두 흰색 점토를 한 겹 감고 꼭짓점을 중심으로 붙인다.

네 조각을 붙인 중앙에 공간이 생기면 원기둥 초록색 점토를 만들어 공간을 채운다.

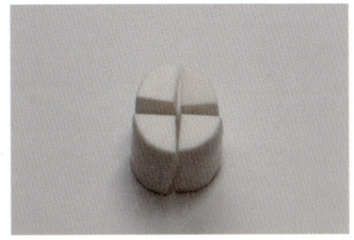

16 반투명 흰색 점토를 지름 40mm×높이 30mm 원기둥으로 만들어 4등분한다.

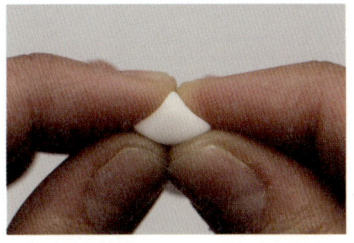

17 반투명 흰색 점토 네 조각을 부채꼴 모양으로 만든다.

18 부채꼴 모양 네 조각을 클로버 잎 사이사이에 채운다.

바탕을 채운 후 바탕과 같은 색의 점토로 테두리를 한 겹 더 감으면 좀 더 예쁜 모양을 유지하면서 케인을 늘일 수 있다.

19 클로버 잎 테두리에 들어간 부분은 반투명 흰색 점토로 가는 원기둥을 만들어 채운다.

20 반투명 흰색 점토를 반죽머신 두께 1로 밀어 테두리에 다시 한 겹 감는다.

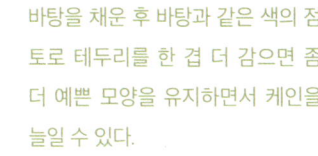

21 케인을 늘이고 완성한 네잎클로버 케인 단면을 확인한다.

굽기 전   후

22 케인 바탕색을 반투명 점토로 사용하였기 때문에 오븐에 굽기 전후 색 차이가 있다.

벚꽃 케인

POLYMER CLAY

반투명 분홍색(1장)
반죽머신 두께 1
가로 20mm×세로 80mm

반투명 흰색(1장)
반죽머신 두께 1
가로 90mm×세로 80mm

*준비물
폴리머클레이(반투명 흰색, 반투명 분홍색, 펄 흰색,
연노란색, 살색),
반죽머신, 칼, 바늘, 빨대(소), 큐빅

how to make!

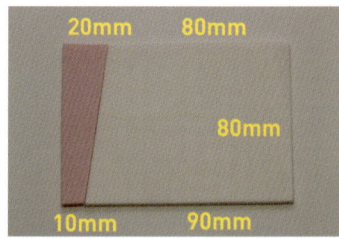

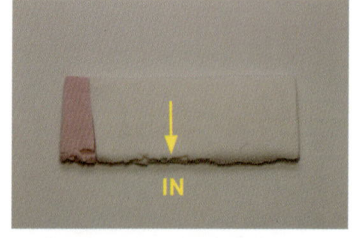

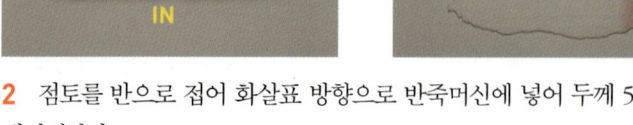

1 두 점토를 잘라 가로 100mm×
세로 80mm 직사각형을 만든다.

2 점토를 반으로 접어 화살표 방향으로 반죽머신에 넣어 두께 5가지 그러
데이션한다.

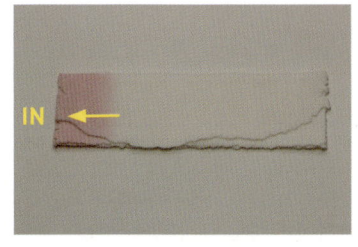

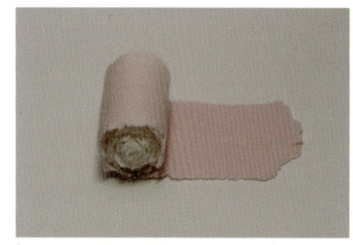

3 그러데이션한 후 3등분으로 접어 반투명 분홍색이 먼저 들어가도록 넣어 반죽머신 두께 7로 밀어낸다.

4 흰색 부분이 안쪽 중심이 되도록 점토를 만다.

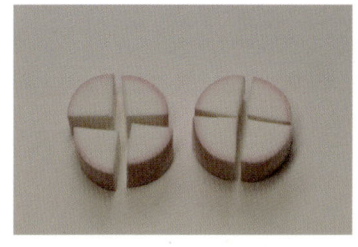

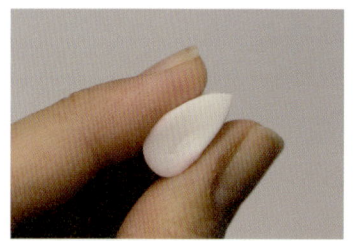

5 사용할 30mm보다 좀 더 늘인 후 고르지 못한 양쪽 끝은 잘라내고 15mm 길이로 2등분한다.

6 두 개 원기둥을 4등분하여 총 여덟 조각으로 만든다.

7 여덟 조각을 손가락으로 눌러 물방울 모양으로 모두 만든다.

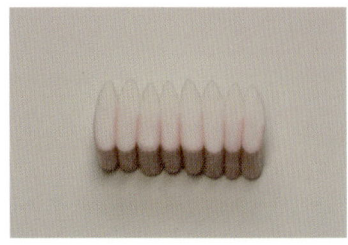

8 물방울 모양 조각들을 나란히 붙인다.

9 사각형 모양으로 만들어 40mm 보다 좀 더 길게 늘인다.

10 양쪽 여분은 잘라내고 20mm 길이로 2등분한다.

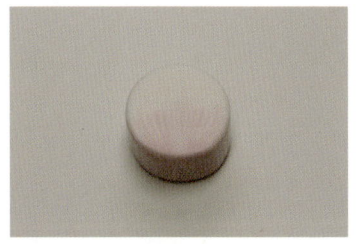

11 잘린 면을 앞쪽으로 돌려 점토를 다시 붙인다.

12 점토를 지름 25mm×높이 20mm 원기둥으로 만든다.

13 칼로 원기둥 점토를 곡선으로 네 조각이 되도록 자른다.

14 살색 점토를 반죽머신 두께 6, 세로 20mm로 만든다.

15 원기둥 사이에 살색 점토를 가운데는 길게, 양쪽은 짧게 넣는다.

16 가운데 살색 점토 끝부분에 빨대(소)로 구멍을 뚫는다.

17 연노란색 점토를 가늘고 길게 만들어 구멍에 넣는다.

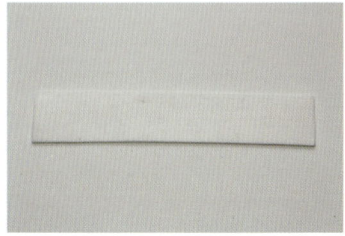

18 펄 흰색 점토를 반죽머신 두께 4, 세로 20mm로 만든다.

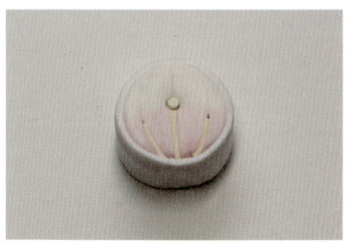

19 펄 흰색 점토를 테두리에 한 겹 감는다.

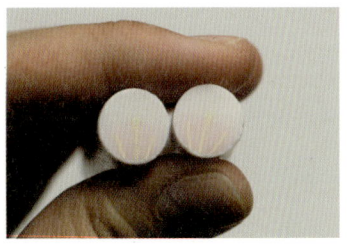

20 케인을 늘이고 벚꽃잎 케인 단면을 확인한다.

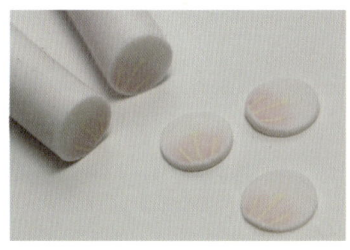

21 벚꽃잎 케인을 얇게 자른다.

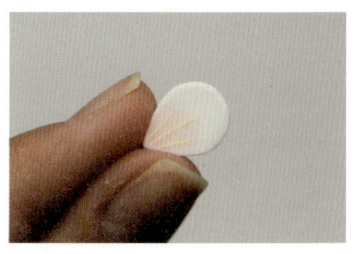

22 원형 벚꽃잎 케인을 물방울 모양으로 만든다.

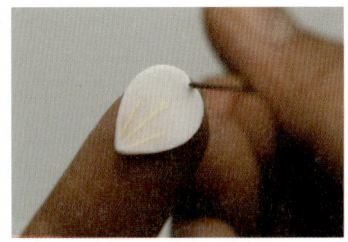

23 바늘을 사용하여 꽃잎 중간을 살짝 눌러 꽃잎을 완성한다.

굽기 전

구운 후

24 꽃잎을 다섯 장 붙여 벚꽃 모양을 만들고 중앙에는 큐빅을 붙여 마무리한다. 오븐에 구우면 벚꽃색이 더 살아난다.

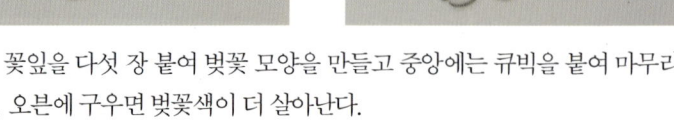

빨강 그러데이션 꽃 케인

POLYMER CLAY

폴리머클레이 준비

노란색(1장)
반죽머신 두께 1
가로 80mm×세로 60mm

빨간색(1장)
반죽머신 두께 1
가로100mm×세로 60mm

*준비물
  폴리머클레이(반투명 흰색, 흰색, 노란색,
  주황색, 펄 빨간색)
  반죽머신, 칼, 빨대(소), 닷팅툴

how to make!

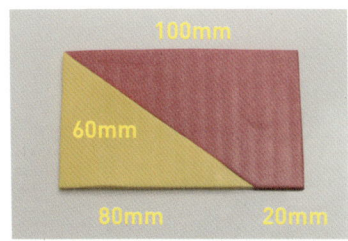

100mm
60mm
80mm   20mm

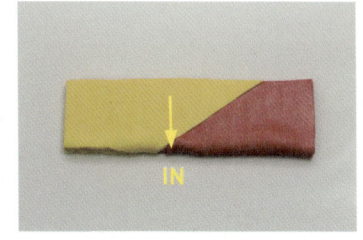

IN

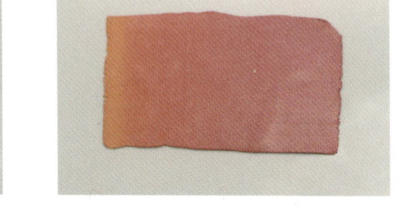

1 두 점토를 대각선으로 잘라 가
로 100mm×세로 60mm 직사각형
을 만든다.

2 점토를 반으로 접어 화살표 방향으로 반죽머신에 넣어 두께 5까지 그러
데이션한다.

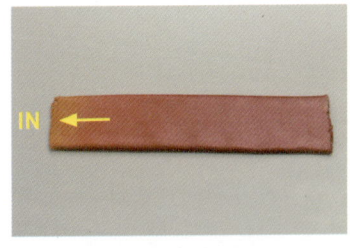

3 그러데이션한 후 3등분으로 접어 주황색이 먼저 들어가도록 반죽머신에 넣는다.

4 반죽머신 두께 7로 점토를 밀어낸다.

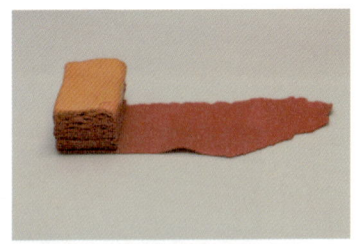

5 그러데이션한 후 주황색부터 20mm 폭으로 차곡차곡 접는다.

6 고르지 못한 양쪽은 잘라 내고 가로 40mm×세로 15mm×높이 15mm로 만든다.

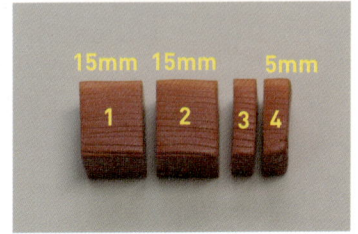

7 직사각형 점토를 15mm와 5mm 두께로 두 조각씩 자른다.

8 노란색 점토를 두께 6, 가로 15mm×세로 10mm로 만든다.

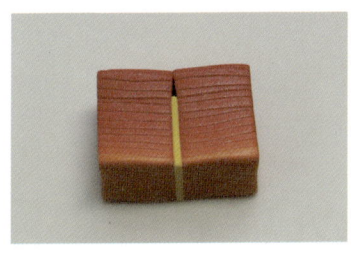

9 15mm 점토 조각 사이에 노란색 점토를 넣는다.

10 빨대(소)로 노란색 점토 끝부분에 구멍을 뚫는다.

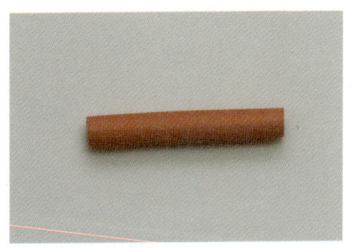

11 주황색 점토를 가늘고 길게 만들어 점토 구멍에 끼워 넣는다.

12 각진 모서리를 손으로 눌러 꽃잎 모양을 만든다.

13 5mm 점토 두 조각을 주황색이 서로 마주 보게 붙인다.

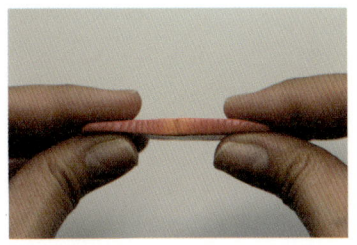

14 길게 붙인 점토 양쪽 끝을 눌러 끝부분만 얇게 만든다.

15 꽃잎 모서리 부분을 제외하고 둘레에 감는다.

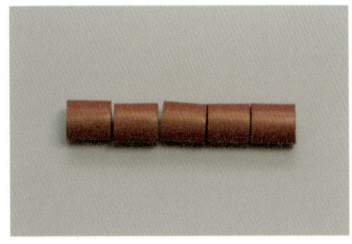

16 점토를 75mm 이상 늘인 후 양쪽 여분은 잘라내고 15mm 길이로 5등분한다.

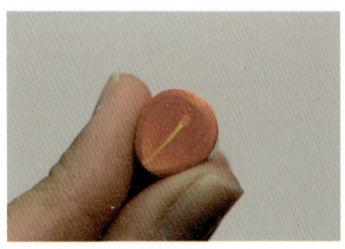

17 점토 조각을 물방울 모양으로 만든다.

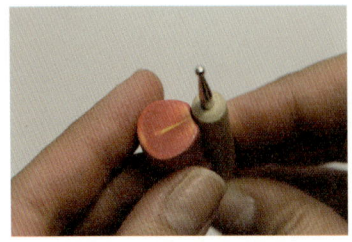

18 가운데 노란색 점토 선 끝부분을 닷팅툴 옆면으로 눌러 곡선처리한다.

＋ 테두리를 흰색 점토로 먼저 한 겹 둘러주고 난 후 배경을 반투명 흰색 점토로 채워야 케인을 구웠을 때 경계가 또렷해져 좀 더 깔끔하고 예쁜 케인을 만들 수 있다.

19 흰색 점토를 반죽머신 두께 7, 세로 15mm 길이로 만든다.

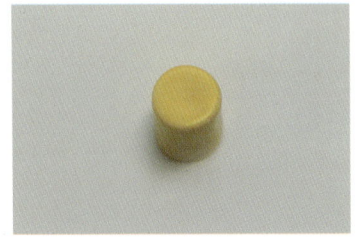

21 노란색 점토로 지름 10mm× 높이 15mm 원기둥을 만든다.

20 흰색 점토를 꽃잎 중심 부분 모서리를 제외하고 테두리에 한 겹씩 감는다.

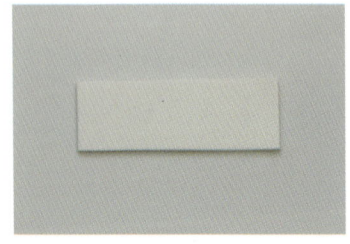

22 흰색 점토로 반죽머신 두께 4로 세로 15mm를 만든다.

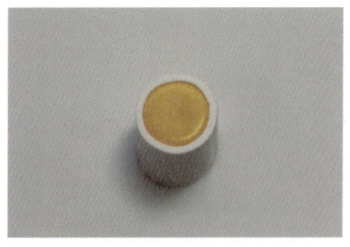

23 흰색 점토를 노란색 원기둥 점토에 한 겹 감는다.

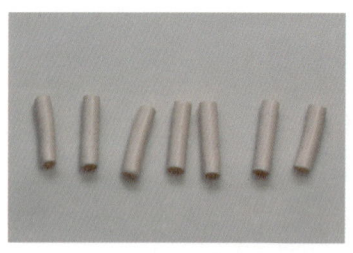

24 원기둥을 가늘고 길게 늘여 길이 15mm로 일곱 조각을 만든다.

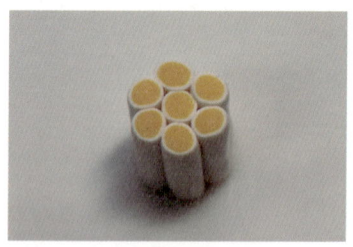

25 일곱 조각을 모아 붙인다.

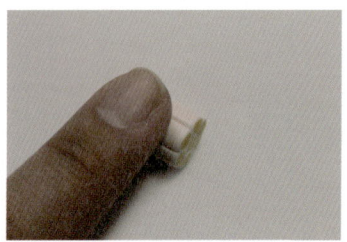

26 붙인 조각을 손가락으로 살살 굴려 둥글게 만든다.

27 꽃잎 사이에 들어갈 크기로 늘려 꽃잎 사이에 넣는다.

28 반투명 흰색 점토로 반지름 25mm×높이 15mm 원기둥을 만들고 5등분한다.

29 반투명 흰색 점토 다섯 조각을 부채꼴 모양으로 만든다.

30 부채꼴 모양 점토를 꽃잎 사이에 채우고 반투명 흰색 점토를 두께 1로 밀어 테두리에 한 겹 감는다.

31 케인을 늘이고 완성한 빨강 그러데이션 꽃 케인 단면을 확인한다.

32 케인 바탕색에 반투명 흰색 점토를 사용하여 오븐에 구우면 색 변화가 있다.

가지꽃 케인

POLYMER CLAY

폴리머클레이 준비

—
흰색, 연보라색(각 1장)
반죽머신 두께 1
가로 90mm×세로 60mm

＊준비물
폴리머클레이(반투명 흰색, 반투명 보라색, 흰색,
노란색, 연보라색, 연두색, 갈색)
반죽머신, 칼, 빨대(소), 닷팅툴

how to make!

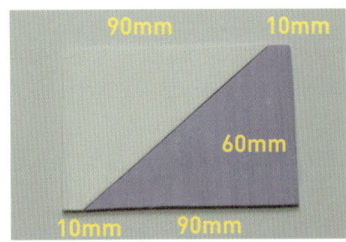

90mm 10mm
60mm
10mm 90mm

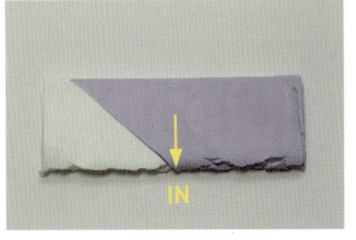

IN

1 두 점토를 대각선으로 잘라 가
로 100mm×세로 60mm 직사각형
을 만든다.

2 점토를 반으로 접어 화살표 방향으로 반죽머신에 넣어 두께 5까지 그러
데이션한다.

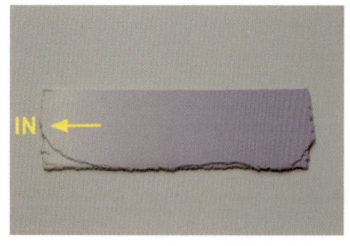  

3 그러데이션한 후 반으로 접어 흰색이 먼저 들어가도록 넣어 반죽머신 두께 7로 밀어낸다. 흰색부터 반죽머신에 넣어 밀어내는 이유는 다음 단계 작업에서 흰색이 중심이 되는 원기둥을 만들어야 하기 때문이다.

4 점토 흰색 부분이 중심이 되도록 만다.

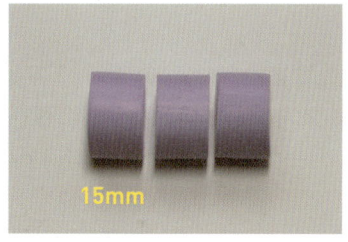  

5 고르지 못한 양쪽 끝은 잘라 내고 45mm로 늘인 후 15mm로 3등분 한다.

6 반투명 보라색 점토를 반죽머신 두께 2, 세로 15mm로 만든다.

7 15mm 원기둥 한 조각에 반투명 보라색 점토를 한 겹 감는다.

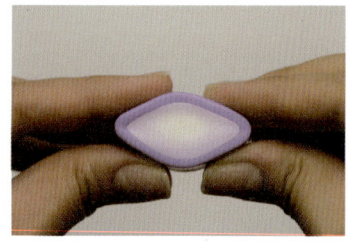 

8 꼭짓점이 둥근 마름모꼴 모양 만든다.

9 칼을 사용하여 마름모 테두리 두 변에 반투명 보라색 점토 부분을 잘라 낸다.

10 남은 두 개의 원기둥은 눈썹 모양으로 만든다.

11 마름모 모양 점토를 중앙에 놓고 점토 세 조각을 붙인다.

12 반투명 보라색 점토를 반죽머신 두께 7, 가로 35mm×세로 15mm로 만든다.

13 반투명 보라색 점토를 아래쪽 테두리에 붙인다.

14 여러 점토가 모인 끝부분 가운데를 삼각형 모양으로 자른다.

15 갈색 점토로 지름 10mm×높이 15mm 원기둥을 만든다.

16 원기둥 갈색 점토를 위에서 잘라낸 삼각형과 같은 크기로 잘라 만든다.

17 잘라낸 빈 곳에 갈색 삼각형을 채워 넣는다.

18 사용할 75mm보다 점토를 더 늘여 여분은 잘라내고 15mm 길이로 5등분한다.

19 점토 다섯 조각을 꽃잎 모양으로 만든다.

20 닷팅툴 옆면으로 꽃잎 중심이 들어갈 부분을 눌러 곡선처리한다.

21 다섯 조각을 모두 꽃잎으로 만들고 나란히 놓는다.

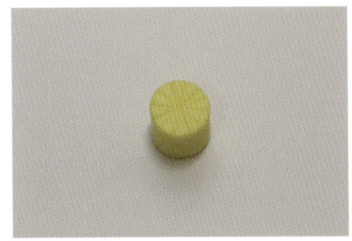

22 노란색 점토를 지름 12mm×높이 15mm 원기둥을 만들고, 칼로 12등분 표시를 한다.

23 흰색 점토를 반죽머신 두께 8, 세로 15mm로 만들고, 표시선을 따라 노란색 원기둥 점토를 반으로 자르고 사이에 흰색 점토 넣기를 반복한다.

24 빨대(소)로 원기둥 중심에 구멍을 뚫는다.

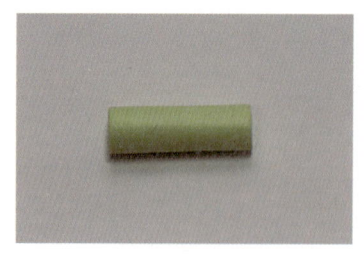

25 연두색 점토를 가늘고 길게 만들어 구멍에 채워 넣는다.

26 흰색 점토를 반죽머신 두께 8, 세로 15mm로 만들어 테두리에 감는다.

27 꽃잎 사이에 들어갈 크기로 늘인 후 넣는다.

28 반투명 흰색 점토로 지름 35mm×높이 15mm 원기둥을 만들어 5등분한다.

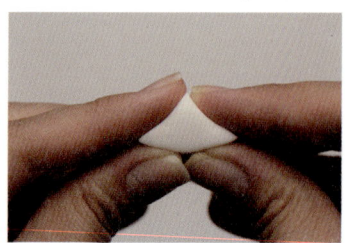

29 5등분한 반투명 흰색 점토를 부채꼴 모양으로 만든다.

30 꽃잎 사이사이 테두리에 부채꼴 모양 점토를 채워 넣는다.

31 케인을 늘이고 완성한 가지꽃 케인 단면을 확인한다.

32 케인 바탕색에 반투명 흰색 점토를 사용하여 오븐에 구우면 색 변화가 있다.

물망초 케인

POLYMER CLAY

*준비물

　폴리머클레이(반투명 노란색, 반투명 하늘색,
　반투명 파란색, 흰색, 노란색, 갈색)
　반죽머신, 칼, 빨대(중), 닷팅툴

폴리머클레이 준비

—
반투명 파란색(1장)
반죽머신 두께 1
가로 40mm×세로 80mm

—
반투명 하늘색(1장)
반죽머신 두께 1
가로 85mm×세로 80mm

how to make!

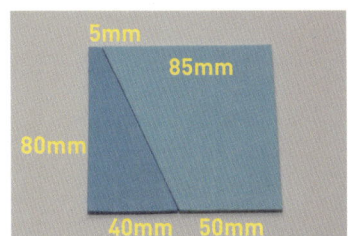

5mm
85mm
80mm
40mm　50mm

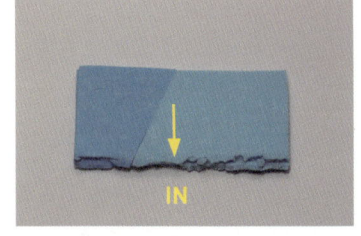

IN

1 두 점토를 대각선으로 잘라 가
로 90mm×세로 80mm 직사각형을
만든다.

2 점토를 반으로 접고 화살표 방향으로 반죽머신에 넣어 두께 5까지 그러
데이션한다.

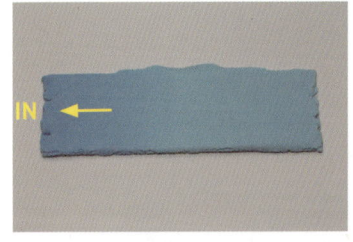

3 그러데이션한 후 반으로 접어 반투명 파란색이 먼저 들어가도록 넣어 반죽머신 두께 7로 밀어낸다.

4 그러데이션한 점토를 반투명 파란색부터 폭 20mm로 차곡차곡 접는다.

5 고르지 못한 양쪽 끝은 잘라내고 가로 40mm×세로 20mm×높이 20mm로 만든다.

6 파란색을 위로, 반투명 하늘색은 아래로 향하도록 잡는다.

7 사각형의 네 꼭짓점을 눌러 타원형 모양으로 만든다.

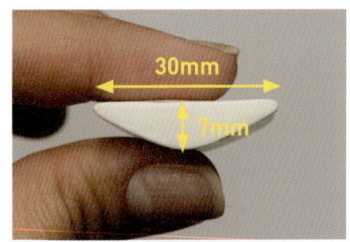

8 흰색 점토를 가로 30mm×높이 7mm 반달 모양을 만든다.

9 타원형 점토에 흰색 반달 모양 점토를 모서리에 붙인다.

10 붙인 점토를 2등분한다.

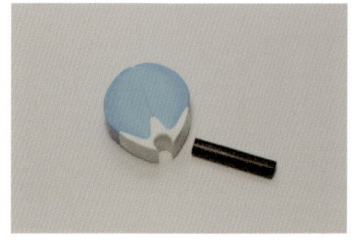

11 2등분한 점토를 나란히 붙인다.

12 흰색 점토 끝부분을 빨대(중)로 구멍을 뚫는다.

13 반투명 노란색 점토로 지름 8mm×높이 20mm 원기둥을 만든다.

14 노란색 점토를 반죽머신 두께 7, 가로 20mm로 만든다.

15 반투명 노란색 원기둥에 노란색 점토로 한 겹 감는다.

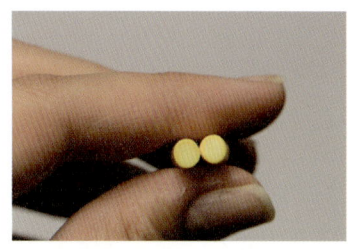

16 원기둥을 지름 5mm로 늘인 후 2등분한다.

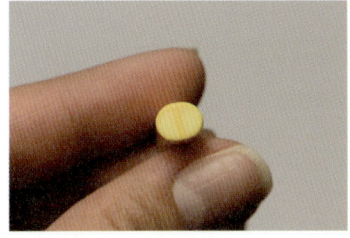

17 2등분한 원기둥을 합쳐 하나의 원기둥으로 만든다.

18 빨대로 뚫어낸 곳에 원기둥을 채워 넣는다.

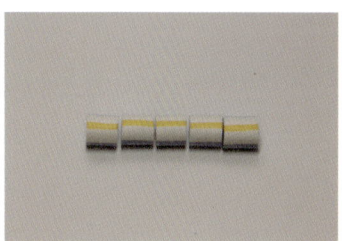

19 사용할 75mm보다 점토를 더 늘인 다음 여분은 잘라내고 15mm 길이로 5등분한다.

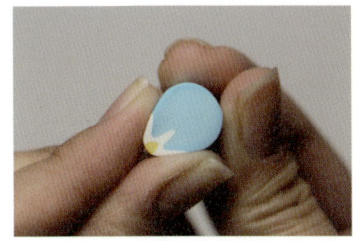

20 5등분한 조각을 꽃잎 모양으로 만든다.

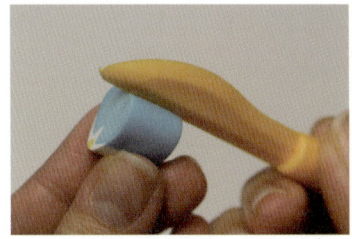

21 둥근면 파란색 점토 부분을 칼등으로 누른다.

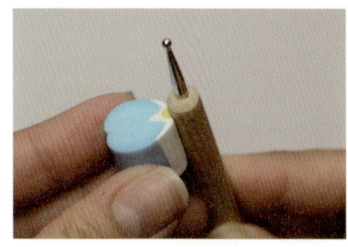

22 꽃잎 중심이 들어갈 부분을 닷팅툴 옆면으로 눌러 곡선처리한다.

23 다섯 개의 꽃잎을 만들어 나란히 놓는다.

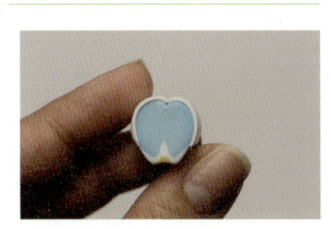

꽃잎 테두리에 흰색 점토를 한 겹 더 감으면 더 예쁜 케인이 만들어진다.

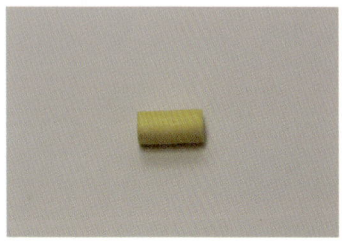

24 노란색 점토로 지름 10mm× 높이 15mm 원기둥을 만든다.

25 갈색 점토를 반죽머신 두께 5, 세로 15mm로 만든다.

26 노란색 원기둥에 갈색 점토를 한 겹 감는다.

27 원기둥을 가늘게 늘여 길이 15mm로 일곱 조각 자른다.

28 일곱 조각 원기둥을 하나로 모아 붙인다.

29 꽃잎 사이에 들어갈 크기로 늘인 후 사이에 넣는다.

30 반투명 흰색 점토를 지름 30 mm×높이 15mm 원기둥으로 만들어 5등분한다.

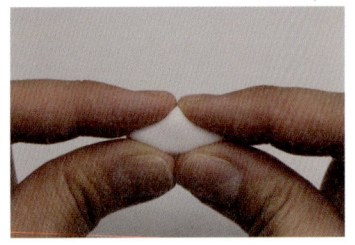

31 반투명 흰색 점토 다섯 조각을 모두 부채꼴 모양으로 만든다.

32 부채꼴 모양 점토를 꽃잎 사이에 바탕으로 채워 넣는다.

33 케인을 늘이고 완성한 물망초 케인 단면을 확인한다.

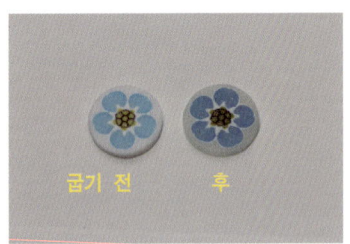

34 케인에 반투명 점토를 사용하여 오븐에 구우면 색 변화가 있다.

단풍잎 케인

POLYMER CLAY

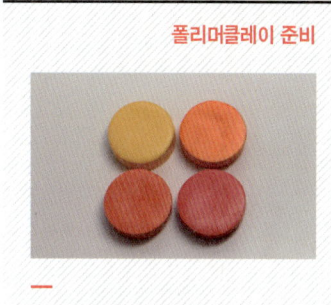

폴리머클레이 준비

노란색, 굴색, 주황색,
빨간색(원기둥, 각 1개)
지름 55mm×높이 10mm

준비물
　폴리머클레이(반투명 흰색, 흰색, 노란색,
　굴색, 주황색, 빨간색, 갈색)
　반죽머신, 칼

how to make!

1　네 가지 색의 점토를 모두 폭이
같도록 4등분한다.

2　갈색 점토를 반죽머신 두께 5,
세로 10mm로 만든다.

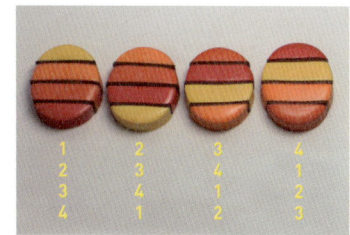

3　네 가지 색 점토를 순서대로 배
열하고 점토 사이에 갈색 점토를 넣
어 붙인다.

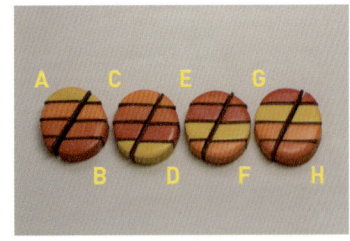  

4 재배열해 붙인 점토를 대각선으로 자르고 사이에 갈색 점토를 넣는다.

5 색이 겹치지 않도록 알파벳 순서대로 짝을 맞춰 V자 모양이 되도록 붙인다.

6 각각의 나뭇잎 모양 케인을 크기가 다르게 늘인다.

7 늘인 단풍잎 케인을 높이 15mm로 자른다.

8 케인을 마름모꼴로 다듬어 빈틈없이 붙이고 끝은 살짝 휘어지게 만든다.

9 칼등으로 단풍잎 가장자리를 눌러 단풍잎을 세밀하게 표현한다.

10 갈색 점토로 줄기를 만들어 단풍잎에 붙인다.

11 흰색 점토를 반죽머신 두께 7, 세로 15mm로 만들어 테두리에 한 겹 감는다.

12 반투명 흰색 점토를 두께 5, 세로 15mm로 만들어 배경을 채워 원형 케인으로 만든다.

13 케인을 늘이고 완성한 단풍잎 케인 단면을 확인한다.

14 케인 바탕색에 반투명 흰색 점토를 사용사용하여 오븐에 구우면 색 변화가 있다.

은행잎 케인

POLYMER CLAY

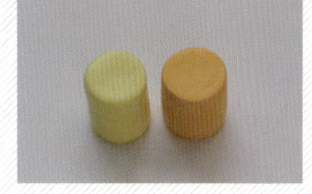

폴리머클레이 준비

—
반투명 노란색,
진한 노란색(원기둥, 각 1개)
지름 25mm×높이 30mm

*준비물
폴리머클레이(반투명 흰색, 반투명 노란색,
흰색, 진한 노란색)
반죽머신, 칼

how to make!

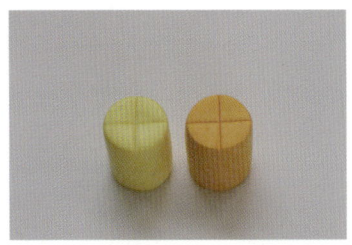

1 원기둥에 칼로 십자가 선을 표
시한다.

2 표시한 십자가 선을 따라 부채
꼴이 되도록 4등분한다.

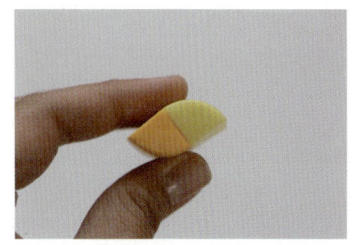

3 진한 노란색 점토 조각과 반투
명 노란색 점토 조각을 붙인다.

4 네 개의 조각이 한 세트가 되도록 붙여 두 세트를 만든다.

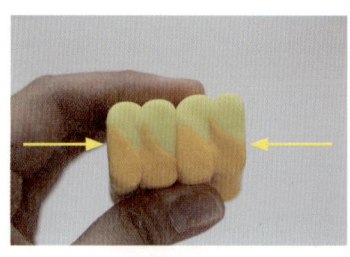

5 점토 두 세트를 화살표 방향으로 눌러 붙인다.

6 붙인 점토를 60mm보다 좀 더 길게 늘인다.

7 양쪽 여분은 잘라내고 30mm로 2등분한다.

8 2등분한 점토를 문양이 보이도록 나란히 붙인다.

9 붙인 점토를 다시 60mm보다 좀 더 길게 늘인다.

10 양쪽 여분을 잘라내고 30mm로 2등분하여 문양이 보이도록 붙인다.

11 총 세 번을 반복하고 붙인 점토 높이가 20mm가 되도록 만든다.

12 진한 노란색 점토 부분을 눌러 삼각형 형태로 만든다.

13 점토를 잡아당겨 가늘고 길게 뽑아낸다. 점토 끝을 길게 뽑아낼 때 케인 전체의 높이가 20mm에서 크게 벗어나지 않도록 주의하며 늘인다.

14 넓은 반투명 노란색 가운데 부분을 칼로 깊이 5mm 정도 가른다.

15 가른 각진 부분을 곡선 형태가 되도록 엄지손가락으로 다듬는다.

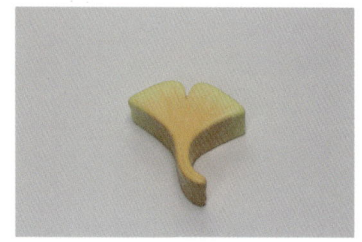

16 흰색 점토를 반죽머신 두께 7로 밀어 만든다.

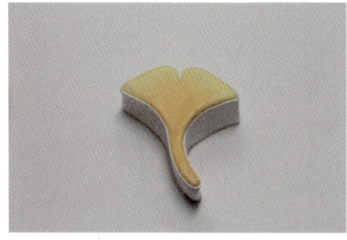

17 흰색 점토를 은행잎 케인 테두리에 한 겹 감는다.

+ 케인 테두리를 흰색 점토로 먼저 한 겹 감고 반투명 흰색 점토로 배경을 채워야 케인을 굽고 난 후 경계가 또렷해져 좀 더 깔끔하고 예쁜 케인을 만들 수 있다.

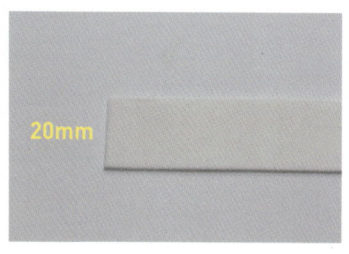

20mm

18 반투명 흰색 점토를 반죽머신 두께5, 높이 20mm로 만든다.

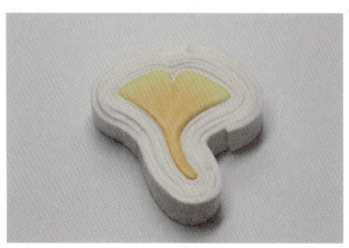

19 반투명 흰색 점토로 은행잎 케인 테두리 배경을 채운다.

20 칼을 사용하여 울퉁불퉁한 부분을 잘라낸다.

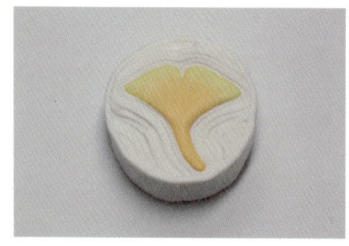

21 고르지 못한 배경 부분을 채워 원형 케인으로 만든다.

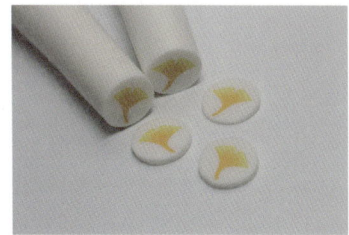

22 케인을 늘여 은행잎 케인을 완성한다.

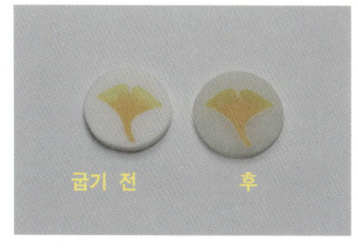

굽기 전   후

23 바탕색을 반투명 흰색 점토로 사용했기 때문에 오븐에 굽기 전후 색 차이가 있다.

코스모스 케인

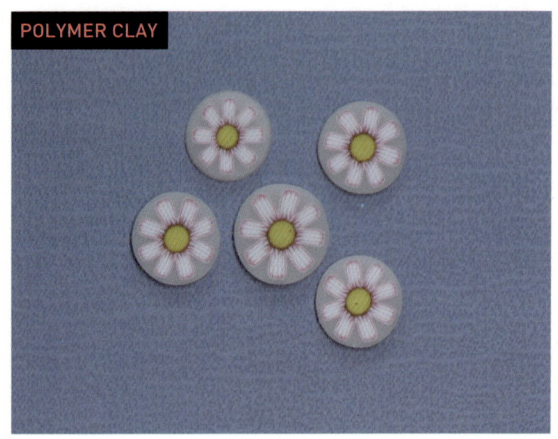

POLYMER CLAY

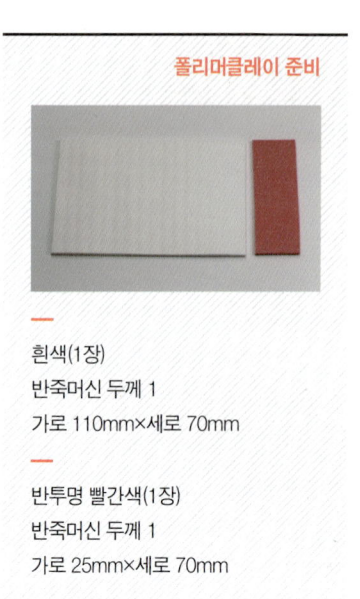

폴리머클레이 준비

흰색(1장)
반죽머신 두께 1
가로 110mm×세로 70mm

반투명 빨간색(1장)
반죽머신 두께 1
가로 25mm×세로 70mm

*준비물
폴리머클레이(반투명 흰색, 반투명 빨간색,
흰색, 노란색, 황토색)
반죽머신, 칼, 닷팅툴, 작은 바늘

how to make!

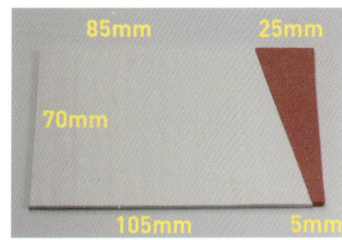

85mm   25mm
70mm
105mm   5mm

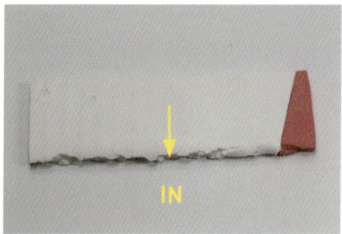

IN

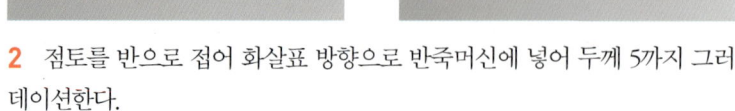

1 두 점토를 대각선으로 잘라 가
로 110mm×세로 70mm 직사각형
을 만든다

2 점토를 반으로 접어 화살표 방향으로 반죽머신에 넣어 두께 5까지 그러
데이션한다.

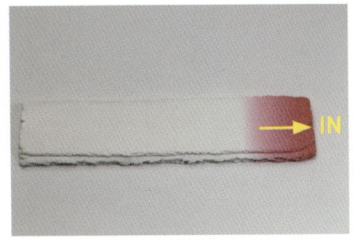 

바로 반죽머신 두께 7로 밀어내면 점토 상태에 따라 끊어지거나 찢어질 수 있다. 두꺼운 두께로 먼저 밀어내면서 점점 얇게 밀어내야 한다.

3 그러데이션한 후 3등분으로 접어 반투명 빨간색이 먼저 들어가도록 넣어 반죽머신 두께 7로 밀어낸다.

4 점토 흰색이 중심이 되도록 돌돌 만다.

5 사용 길이 30mm보다 더 늘인 후 고르지 못한 양쪽 여분은 잘라낸다.

6 점토를 15mm 길이로 2등분한다.

7 2등분한 점토 중 한 조각은 4등분으로 다른 한 조각은 8등분한다.

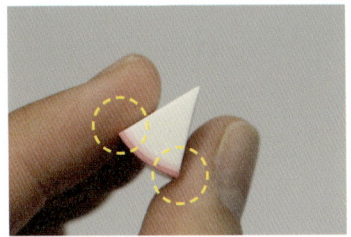

8 8등분으로 자른 부채꼴 모양 조각을 손으로 다듬어 물방울 모양으로 만든다. 모양을 만드는 과정에서 높이가 변형되지 않도록 주의하며 만든다.

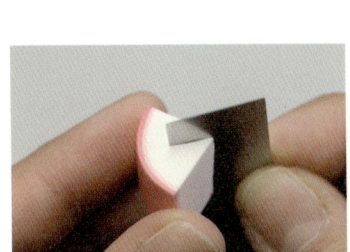

9 4등분으로 나눈 점토 조각을 칼로 깊이 2/3만큼 가른다.

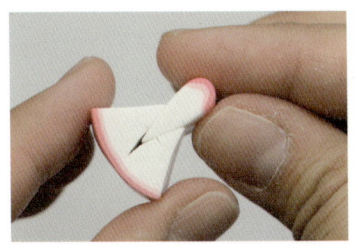

10 가른 틈에 물방울 모양으로 만든 점토를 끼운다.

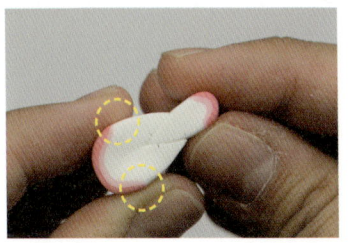

11 모서리를 다듬어 둥글게 만든다.

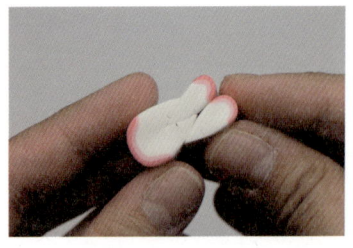

12 물방울 모양 점토 조각을 옆에 하나 더 붙여 한 세트를 만든다.

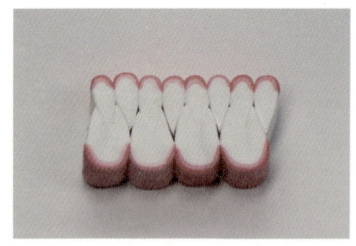

13 나머지 점토도 같은 방법으로 총 네 세트를 만든다.

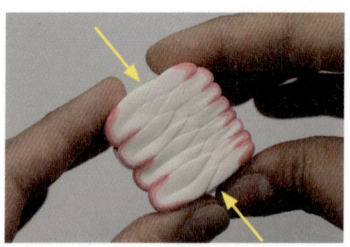

14 가지런히 놓고 화살표 방향으로 눌러 점토를 붙인다.

15 반투명 빨간색 점토를 반죽머신 두께 7로 반죽한다.

16 양쪽 흰색 면 테두리에 반투명 빨간색 점토를 붙인다.

17 높이 15mm가 넘지 않도록 주의하며 원형으로 만든다.

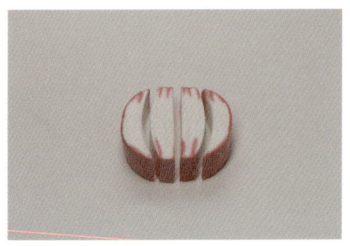

18 가운데는 직선으로 양쪽은 곡선으로 잘라 네 조각으로 만든다.

19 반투명 흰색 점토를 반죽머신 두께 4, 높이 15mm로 만든다.

20 네 조각 점토 사이사이에 반투명 흰색 점토를 넣는다.

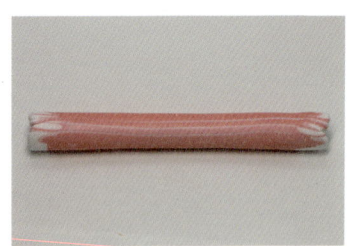

21 점토를 사용 길이 80mm보다 좀 더 길게 늘인다.

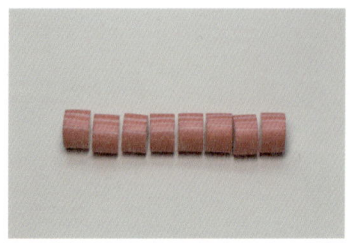

22 여분 끝은 잘라내고 10mm 길이로 8등분한다.

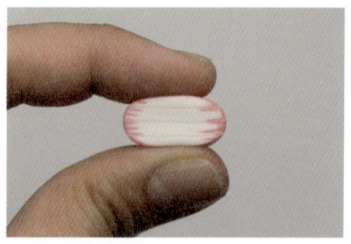

23 점토 조각을 손으로 눌러 타원형으로 만든다.

24 닷팅툴 옆면으로 꽃의 중심이 들어갈 부분을 눌러 곡선처리한다.

25 곡선처리한 반대쪽은 작은 바늘로 눌러 톱니 모양을 만든다. 꽃잎 모양을 만드는 과정에서 케인의 높이가 변형되지 않도록 주의하면서 만든다.

26 여덟 개의 꽃잎 모양을 모두 같은 방법으로 만든다.

27 흰색 점토를 반죽머신 두께 7, 높이 10mm로 반죽한다.

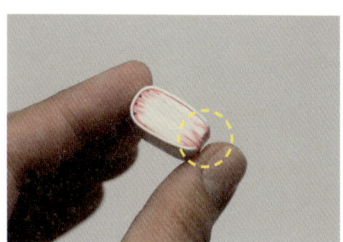

28 곡선 처리한 꽃잎 중심 부분을 제외한 나머지 테두리에 흰색 점토를 한 겹 감는다.

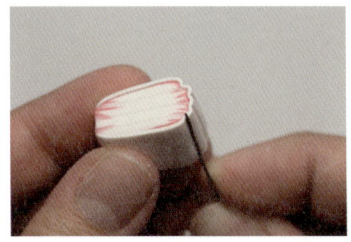

29 작은 바늘로 톱니 모양이 있는 흰색 점토 테두리를 눌러 같은 톱니 모양을 만든다.

30 꽃잎 중앙에 들어갈 점토를 준비한다.

노란색(1장)
반죽머신 두께 1
가로 40mm×세로 30mm

황토색(1장)
반죽머신 두께 1
가로 10mm×세로 30mm

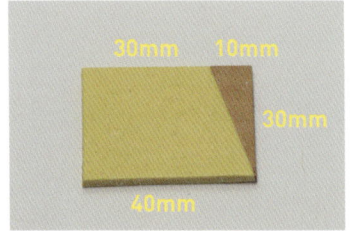

31 두 점토를 대각선으로 잘라 가로 40mm×세로 30mm 직사각형을 만든다.

32 점토를 반으로 접어 화살표 방향으로 반죽머신에 넣어 두께 5까지 그러데이션한다.

33 그러데이션한 후 반으로 접어 황토색이 먼저 들어가도록 넣어 반죽머신 두께 7로 밀어낸다.

34 반죽한 점토를 노란색이 중심이 되도록 만다.

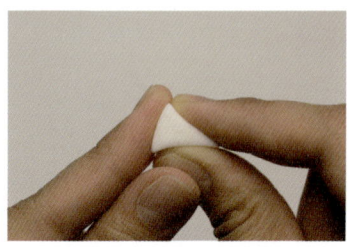

35 말은 점토를 꽃잎 사이에 들어갈 크기로 늘인 후 넣는다.

36 반투명 흰색 점토를 지름 30mm×높이 10mm로 만들어 8등분한다.

37 8등분한 점토를 부채꼴 모양으로 만든다.

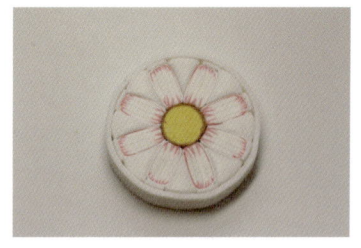

38 부채꼴 모양 점토를 꽃잎 사이 사이에 채워 넣는다.

39 반투명 흰색 점토를 반죽머신 두께 5로 반죽한 후 빈 곳에 채워 붙인다.

40 반투명 흰색 점토를 반죽머신 두께 1로 반죽해 테두리를 한 겹 감는다.

✚ 바탕을 채운 후 바탕과 같은 색의 점토를 반죽머신으로 밀어 한 겹 감으면 좀 더 예쁜 모양을 유지하면서 케인을 만들 수 있다.

41 케인을 늘이고 완성한 코스모스 케인 단면을 확인한다.

42 케인 바탕색에 반투명 흰색 점토를 사용하여 오븐에 구우면 색 변화가 있다.

해바라기 케인

POLYMER CLAY

폴리머클레이 준비

—
황토색(1장)
반죽머신 두께 1
가로 60mm×세로 50mm

—
갈색(1장)
반죽머신 두께 1
가로 60mm×세로 50mm

＊준비물
　폴리머클레이(반투명 흰색, 연노란색,
　노란색, 하늘색, 황토색, 갈색)
　반죽머신, 칼

how to make!

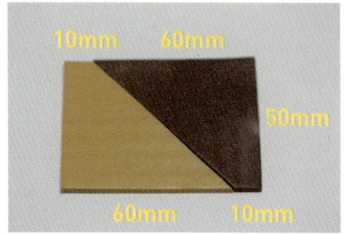

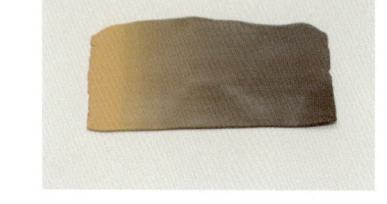

1 　두 점토를 대각선으로 잘라 가로 70mm×세로 50mm 직사각형을 만든다.

2 　점토를 반으로 접어 화살표 방향으로 반죽머신에 넣어 두께 5까지 그러데이션한다.

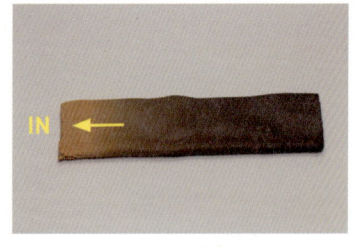 

+ 황토색부터 반죽머신에 넣어 밀어내는 이유는 다음 단계의 작업에서 황토색이 중심으로 되는 원기둥을 만들어야 하기 때문이다.

3 그러데이션한 후 반으로 접어 황토색이 먼저 들어가도록 넣어 반죽머신 두께 5로 밀어낸다.

4 황토색을 중심으로 점토를 돌돌 만다.

5 손가락으로 눌러 지름 23mm×높이 20mm 원기둥이 되도록 만든다.

6 황토색과 갈색 점토로 지름 3mm×높이 20mm 원기둥을 12개씩 만든다.

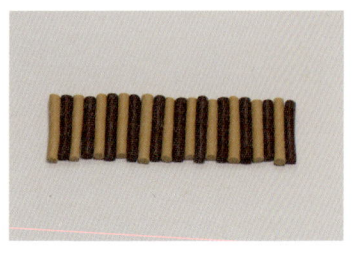  

7 만든 원기둥을 번갈아가며 나란히 붙인다.

8 그러데이션 원기둥 가장자리에 둥글게 붙인다.

9 원기둥을 25mm만큼 늘이고 양쪽 끝을 잘라 높이 20mm가 되도록 만든다.

10 해바라기 중심이 될 지름 25mm×높이 20mm 원기둥이 완성된다.

11 꽃잎을 만들 점토를 준비한다.

—
노란색(1장)
반죽머신 두께 1
가로 120mm×세로 60mm

연노란색(1장)
반죽머신 두께 1
가로 120mm×세로 60mm

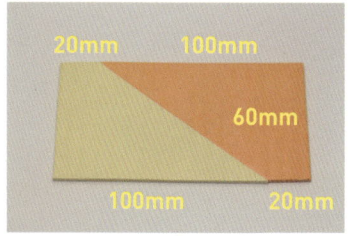

12 두 점토를 대각선으로 잘라 가로 120mm×세로 60mm 직사각형을 만든다.

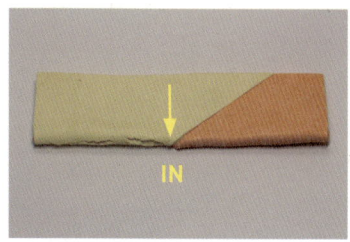

13 점토를 반으로 접어 화살표 방향으로 반죽머신에 넣어 두께 3까지 그러데이션한다.

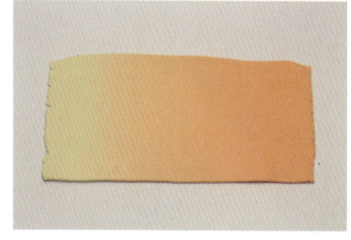

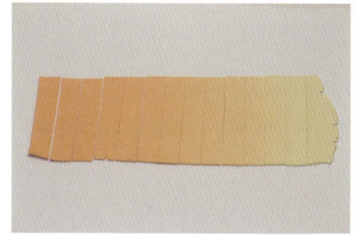

14 그러데이션한 후 화살표 방향으로 반죽머신에 넣어 두께 5로 밀어낸다.

15 반죽한 점토를 폭 15mm로 자른다.

16 잘라낸 조각들을 순서대로 쌓아 붙인다.

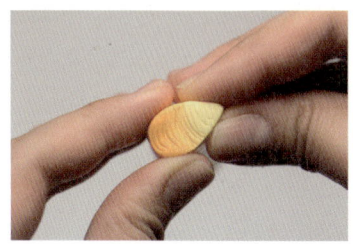

17 노란색 부분을 둥글게 다듬어 물방울 모양으로 만든다.

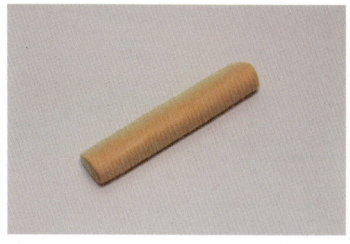

18 황토색 점토를 반죽머신 두께 6, 물방울 모양 점토 길이로 반죽한다.

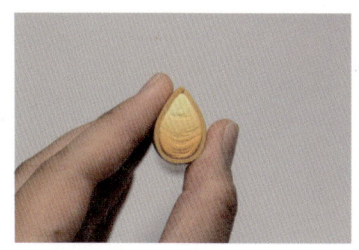

19 황토색 점토를 물방울 모양 점토에 한 겹 감는다.

20 폴리머클레이 준비에서 남은 반죽을 이용하여 같은 방법으로 물방울 모양 점토를 하나 더 만든다.

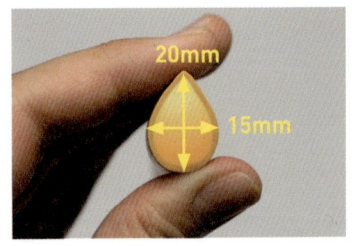

21 물방울 모양 점토를 가로 15mm×세로 20mm로 만든다.

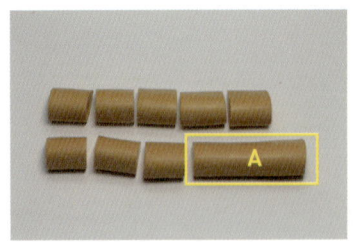

22 점토를 길이 20mm로 여덟 조각을 만들고 나머지 A 조각은 보관한다.

23 물방울 모양 점토를 해바라기 중심 원기둥 점토에 붙인다.

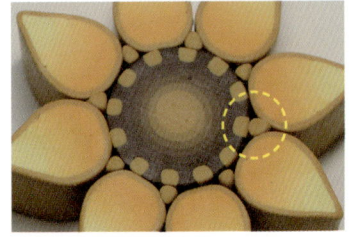

24 사이사이 빈 곳은 황토색 점토를 삼각기둥 형태로 만들어 채운다.

25 보관한 A 조각을 사용할 길이 160mm보다 좀 더 길게 늘여 여분 끝은 잘라내고 20mm로 8등분한다.

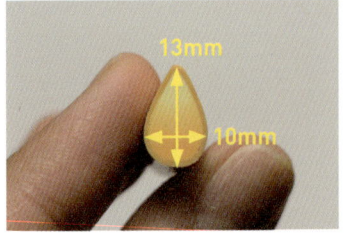

26 노란색 부분이 둥근 모양이 되도록 가로 10mm×세로 13mm 물방울 모양으로 만든다.

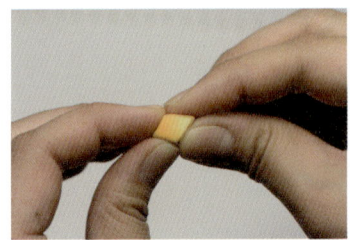

27 점토 높이가 변하지 않도록 주의하며 마름모 모양으로 만든다.

28 마름모 모양 점토를 꽃잎 사이사이에 채워 넣는다.

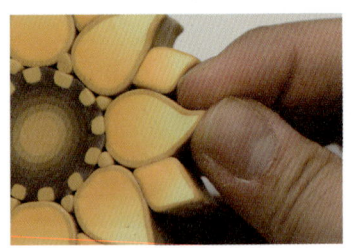

29 꽃잎 끝부분을 살짝 휘어지도록 손으로 다듬어 좀 더 완성도 있는 해바라기가 표현되도록 만든다.

30 하늘색 점토를 반죽머신 두께 7, 높이 20mm로 만든다.

31 하늘색 점토를 해바라기 테두리에 한 겹 감는다.

+ 테두리를 흰색 점토가 아닌 하늘색 또는 다른 색 점토로 감고 바탕은 반투명 흰색 점토로 채워 오븐에 구워 내면 하늘색 점토가 반투명 흰색 점토에 은은하게 퍼지는 효과가 나타나 더욱 예쁜 케인이 완성된다.

32 반투명 흰색 점토를 지름 30 mm×높이 20mm로 두 개 만들어 열여섯 조각을 만든다.

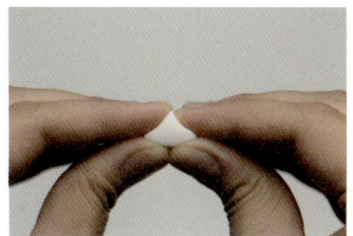

33 열여섯 조각을 부채꼴 모양으로 다듬는다.

34 부채꼴 모양 점토를 꽃잎 사이사이에 채워 넣는다.

35 반투명 흰색 점토를 반죽머신 두께 1로 밀어 테두리에 한 겹 감는다.

36 원 하는 크기만큼 늘인 후 완성한 해바라기 케인 단면을 확인한다.

굽기 전   후

37 해바라기 케인 바탕색은 반투명 흰색 점토를 사용했기 때문에 오븐에 굽기 전후 색 차이가 있다.

폴리머클레이로 귀여운 동물 케인을 다양하게 만들
어 본다. 앞에서 배운 기본형 늘이기 외에 바탕이 없
는 케인을 늘이는 방법을 배우면 더 다양한 케인을
만들 수 있게 된다.

Part 04

동물 케인 만들기

병아리 케인

POLYMER CLAY

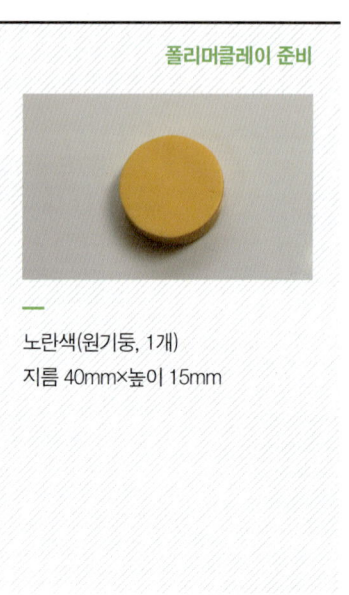

폴리머클레이 준비

─
노란색(원기둥, 1개)
지름 40mm×높이 15mm

＊준비물
폴리머클레이(노란색, 주황색, 하늘색, 검은색)
반죽머신, 칼, 빨대(소)

how to make!

1 엄지와 검지로 꼬집듯 점토를
살살 잡아 빼면서 물방울 모양을 만
든다.

2 뾰족한 부분을 검지로 살짝 올
려 병아리 꼬리를 만든다.

3 병아리 꼬리 반대편에 빨대(소)
로 병아리 눈을 표시한다.

4 빨대(소)로 병아리 눈을 뚫는다.

5 빨대로 뚫어 놓은 눈의 크기에 맞게 검은색 점토로 원기둥을 만들어 눈을 채운다.

6 주황색 점토로 지름 7mm×높이 15mm 원기둥을 만든 후 칼로 잘라 삼각 기둥을 만든다.

7 삼각기둥 점토를 병아리 눈앞에 붙인다.

 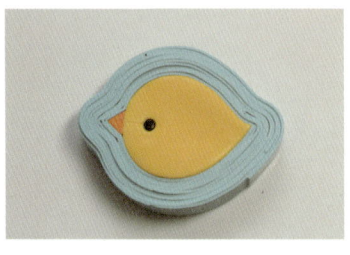

8 하늘색 점토를 반죽머신 두께 1, 높이 15mm로 반죽하여 테두리에 여러 번 감는다.

9 칼을 사용하여 원형이 되도록 자른다.

10 동글한 원형이 되도록 자른 부분을 다듬는다.

11 점토를 늘이고 완성한 병아리 케인 단면을 잘라 확인한다.

무당벌레 케인

POLYMER CLAY

❋준비물
폴리머클레이(흰색, 검은색, 빨간색)
반죽머신, 칼, 빨대(소, 중), 송곳

폴리머클레이 준비

—
빨간색(타원형, 1개)
가로 40mm×세로 45mm×높이 25mm

—
검은색(원기둥, 1개)
지름 30mm×높이 30mm

how to make!

1 빨간색 원기둥 점토에 세로 직선과 가로 곡선을 표시한다.

2 직선을 따라 반으로 자른다. 두 조각 중 한 조각만 사용한다.

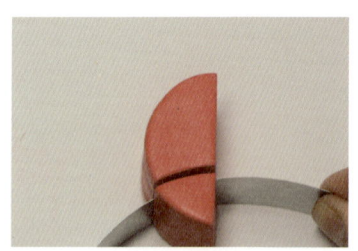

3 곡선 표시 선을 따라 칼을 휘어 점토를 자른다.

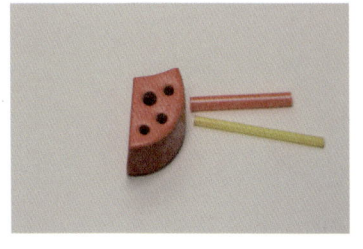
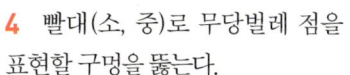

4 빨대(소, 중)로 무당벌레 점을 표현할 구멍을 뚫는다.

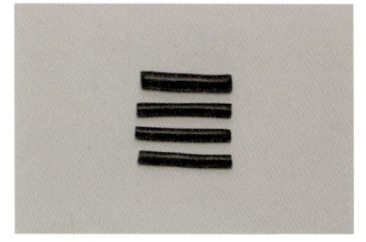

5 검은색 점토로 길이 30mm 원기둥을 만들어 구멍에 채워 넣는다.

6 검은색 원기둥 위에 잘라 놓은 부채꼴 모양 빨간색 점토를 놓고 같은 모양과 크기로 자른다.

7 자른 검은색 점토를 붙인다.

8 검은색 점토 중앙에 빨대(소)로 구멍을 뚫는다.

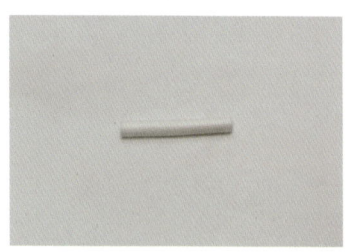

9 흰색 점토로 길이 30mm 원기둥을 만든다.

10 검은색 점토 구멍에 흰색 원기둥 점토를 채워 넣는다.

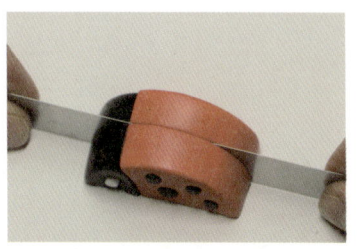

11 평평한 부분을 바닥에 놓고 두께 15mm로 2등분한다.

12 검은색 점토를 반죽머신 두께 6, 가로 45mm×세로 15mm로 만들어 평평한 면에 붙인다.

13 2등분한 조각을 다시 나란히 붙인다.

14 케인을 원하는 크기만큼 늘인 후 잘라 단면을 확인한다.

15 무당벌레 케인을 3mm 두께로 자른다.

16 무당벌레 케인 가장자리를 손가락으로 눌러 둥글게 다듬는다.

17 무당벌레 머리는 살짝 돌출되도록 다듬는다.

18 송곳으로 양 날개 사이 검은색 선과 머리 부분 경계 곡선을 누른다.

19 세밀하게 다듬은 무당벌레 케인이 더 예쁘다.

달팽이 케인

POLYMER CLAY

폴리머클레이 준비

—
빨간색, 노란색(각 1장)
반죽머신 두께 1
가로 70mm×세로 50mm

*준비물
폴리머클레이(노란색, 빨간색, 상아색, 검은색, 하늘색)
반죽머신, 칼, 바늘(대)

how to make!

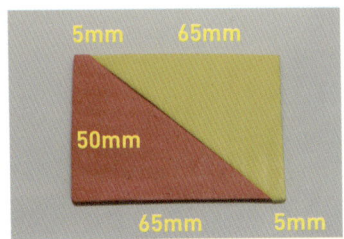

5mm   65mm

50mm

65mm   5mm

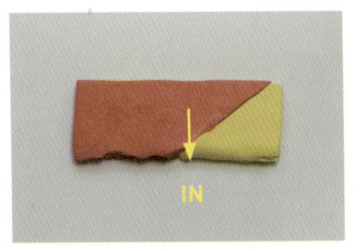

IN

1 두 점토를 대각선으로 잘라 가로 70mm×세로 50mm 직사각형을 만든다.

2 점토를 반으로 접고 화살표 방향으로 반죽머신에 넣어 그러데이션한다.

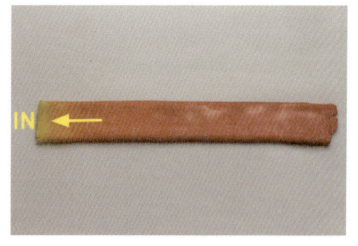

3 그러데이션한 후 다시 3등분으로 접어 반죽머신 두께 7로 반죽한다.

4 반죽한 후 15mm 폭으로 차곡차곡 접는다.

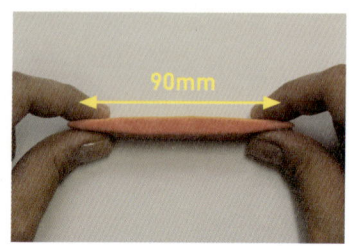

5 고르지 못한 양쪽을 제외하고 길이가 60mm가 되도록 늘인 후 양쪽 여분 끝은 잘라낸다.

6 양쪽 끝을 눌러가며 길이 90mm가 되도록 늘인다.

7 검은색 점토를 반죽머신 두께 7, 가로 90mm×세로 15mm로 만들어 빨간색 점토에 붙인다.

8 점토를 말아 달팽이집을 만든다.

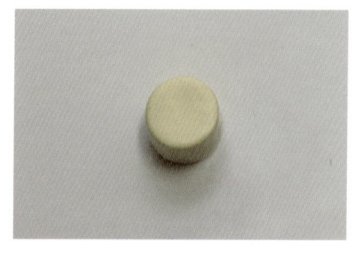

9 끝부분을 마감할 때는 안쪽 색 점토가 보이지 않도록 마무리한다.

10 상아색 점토로 지름 20mm×높이 15mm 원기둥을 만든다.

11 상아색 점토를 태극문양으로 만든다.

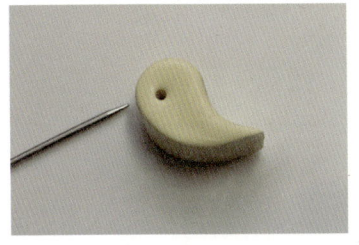

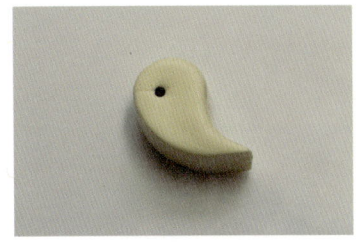

12 바늘(대)로 달팽이 눈이 될 부분에 구멍을 뚫고 검은색 점토로 채운다.

13 달팽이 얼굴을 달팽이집에 붙인다.

14 검은색 점토를 반죽머신 두께 7로 반죽하여 달팽이 얼굴에 감는다.

15 칼로 입 부분을 자르고 검은색 점토로 채운다.

16 하늘색 점토를 반죽머신 두께 5, 높이 15mm로 반죽하여 테두리에 감는다.

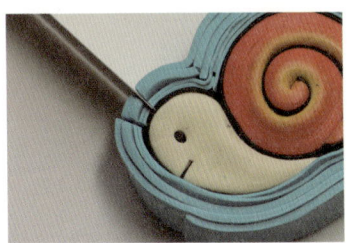

17 하늘색 점토를 두께 5mm까지 감고 더듬이 부분을 칼로 자른다.

18 자른 부분에 반죽한 검은색 점토를 넣는다. 더듬이 검은색 점토가 달팽이 얼굴 안으로 넘어가지 않도록 주의한다.

19 더듬이를 채워 넣은 후 계속해서 하늘색 점토로 바탕을 채운다.

20 칼로 바탕을 둥글게 자르고 원형으로 다듬는다.

21 노란색 점토를 반죽머신 두께 1, 높이 15mm로 반죽하여 테두리에 한 바퀴 감는다.

22 케인을 늘이고 완성한 달팽이 케인 단면을 확인한다.

펭귄 케인

POLYMER CLAY

폴리머클레이 준비

흰색, 보라색(각 1장)
반죽머신 두께 1
가로 85mm×세로 60mm

*준비물
폴리머클레이(흰색, 보라색, 연노란색,
노란색, 진한 노란색, 주황색, 검은색)
반죽머신, 칼, 바늘(대), 빨대(소)

how to make!

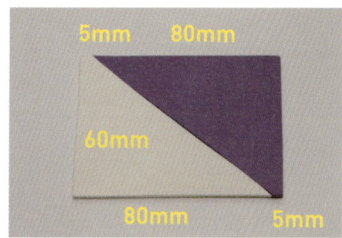

5mm   80mm
60mm
80mm   5mm

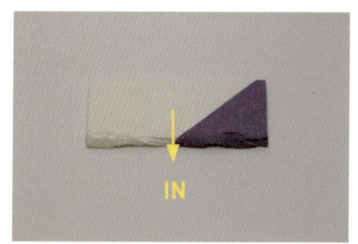

IN

1 준비한 점토를 대각선으로 잘라 가로 85mm×세로 60mm 직사각형을 만든다.

2 점토를 반으로 접고 화살표 방향으로 반죽머신에 넣어 두께 5까지 그러데이션한다.

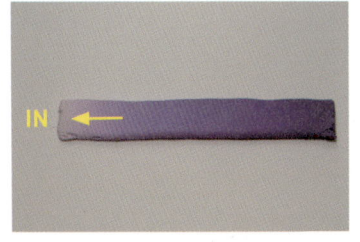  

3 그러데이션한 후 3등분으로 접어 반죽머신 두께 6으로 반죽한다.

4 흰색 부분부터 반죽한 점토를 돌돌 만다.

5 돌돌 말은 점토를 손가락으로 눌러 지름 35mm×높이 15mm 원기둥으로 만든다.

6 원기둥 점토를 손으로 눌러 달걀 모양으로 만든다.

7 뾰족한 도구로 점토에 펭귄의 눈과 부리와 배를 그린다.

  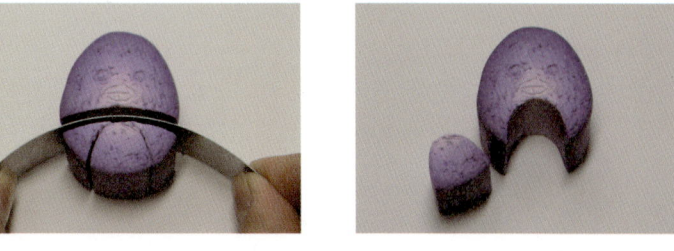

8 칼을 사용하여 펭귄 배 양쪽 옆 부분을 자른다.

9 잘리지 않은 부분은 표시 선을 따라 칼을 휘어 펭귄의 배 부분을 자르고 배를 제외한 자른 점토를 다시 붙인다.

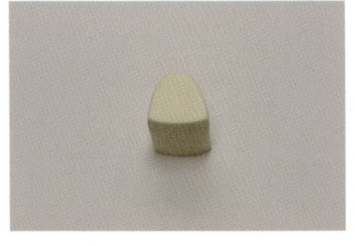 

10 연노란색 점토로 잘라낸 배 부분과 같은 모양으로 만들어 채워 넣는다.

11 빨대(소)를 이용해 펭귄의 눈을 뚫는다.

12 펭귄의 부리가 될 중심을 반으로 자른다.

13 자른 양쪽에 부리가 들어갈 부분을 삼각형 모양으로 자른다.

14 검은색 점토로 펭귄 눈 크기에 맞게 원기둥으로 만든다.

15 노란색 점토로 마름모를 만들어 반으로 자른다.

16 주황색 점토를 반죽머신 두께 7로 사각형으로 반죽한다.

17 반죽한 주황색 점토를 마름모 사이에 끼워 넣는다.

18 펭귄의 부리 크기에 맞게 마름모 모양 점토를 늘인다.

19 반죽한 눈과 부리 점토를 채워 넣는다.

20 보라색 점토를 타원형으로 만들어 대각선으로 자른다.

21 잘라낸 두 조각을 물방울 모양으로 만든다.

22 펭귄 몸통 양쪽에 붙인다.

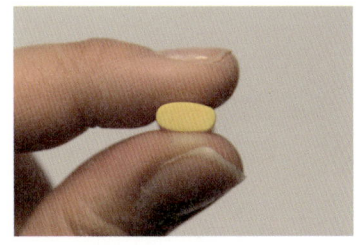

23 노란색 점토를 원기둥으로 만들어 납작하게 누른다.

24 납작하게 만든 노란색 점토를 펭귄 배 밑에 붙인다.

25 바늘(대)로 펭귄 발을 3등분하여 누른다.

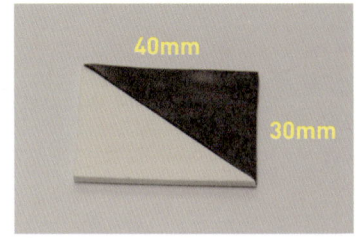

40mm
30mm

26 두 점토를 대각선으로 잘라 가로 40mm×세로 30mm 직사각형을 만든다.

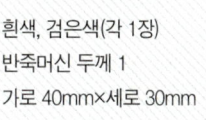

—
흰색, 검은색(각 1장)
반죽머신 두께 1
가로 40mm×세로 30mm

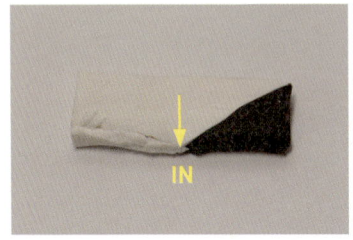

IN

27 점토를 반으로 접고 화살표 방향으로 반죽머신에 넣어 두께 5까지 그러데이션한다.

IN

28 다시 반으로 접어 화살표 방향으로 반죽머신에 넣는다.

29 반죽머신 두께 6으로 점토를 밀어낸다.

30 흰색이 중심이 되도록 점토를 만다.

31 점토를 가로 10mm×세로 7mm×높이 15mm 사각기둥으로 만든다.

32 검은색 점토로 반죽머신 두께 1, 가로 15mm×세로 20mm 사각형을 만든다.

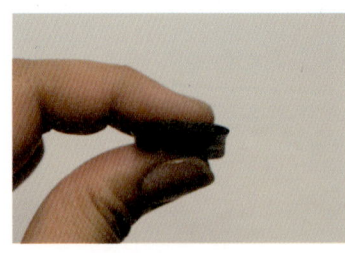

33 양쪽 끝을 눌러 가늘고 휘도록 다듬는다.

34 반죽한 검은색 점토 두 개를 붙여 중절모를 만든다.

35 중절모를 펭귄 머리에 붙인다.

36 하늘색 점토를 반죽머신 두께 5, 높이 15mm로 반죽하여 펭귄 테두리에 감는다.

37 테두리를 더 감아 배경을 만들고 튀어나온 부분은 칼로 잘라내고 오목한 부분은 채워 넣어 둥글게 만든다.

38 케인을 늘이고 완성한 펭귄 케인 단면을 확인한다.

루돌프 케인

POLYMER CLAY

폴리머클레이 준비

갈색(타원기둥, 1개)
가로 30mm×세로 35mm×높이 15mm

*준비물

폴리머클레이(반투명 흰색, 흰색, 분홍색,
빨간색, 황토색, 갈색, 고동색, 검은색)
반죽머신, 칼, 빨대(소, 중)

how to make!

1 점토 면에 루돌프 눈과 코를 스케치한다.

2 빨대(소, 중)를 사용하여 루돌프의 눈과 코를 뚫는다.

3 빨간색 점토로 지름 8mm×높이 15mm 원기둥을 만든다.

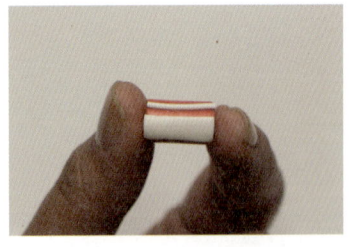

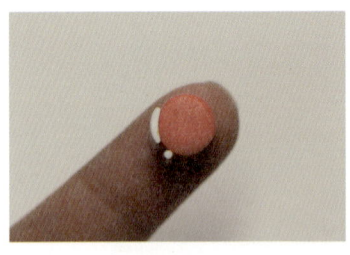

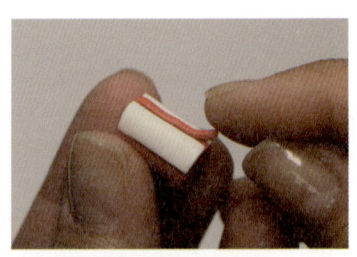

4 흰색 점토를 반죽머신 두께 7로 밀어 루돌프 코 반짝임을 표현하기 위해 빨간색 원기둥 점토 테두리에 부분적으로 붙인다.

5 빨간색 점토를 반죽머신 두께 7로 밀어 흰색 점토를 붙이지 않은 테두리에 붙인다.

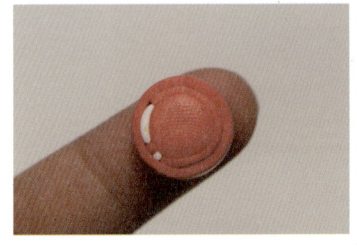

6 흰색 점토와 빨간색 점토를 테두리에 붙인 모습.

7 빨간색 점토를 반죽머신 두께 6으로 밀어 한 겹 감는다

8 검은색 점토를 반죽머신 두께 7로 밀어 한 겹 더 감는다.

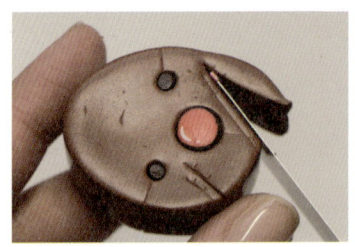

9 뚫어 놓은 코 크기로 늘인 후 채워 넣고, 눈은 검은색 점토로 채워 넣는다.

10 루돌프 볼 부분을 칼로 자르고 분홍색 점토를 반죽머신 두께 8로 밀어 양쪽 볼에 조금씩 넣어 붙인다.

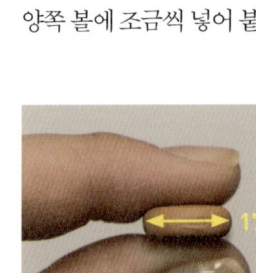

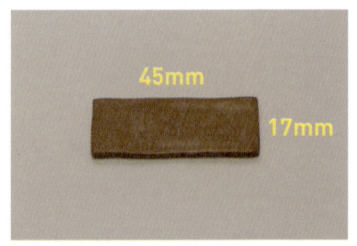

11 황토색 점토를 원기둥으로 반죽하여 늘이고 양옆이 곡선 형태가 되도록 다듬고 눌러 길이 17mm로 만든다.

12 황토색 점토로 반죽머신 두께 1, 가로 45mm×세로 17mm 직사각형을 만든다.

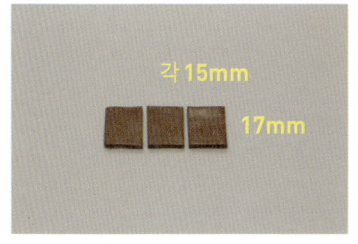

13 직사각형 점토를 15mm 길이로 3등분한다.

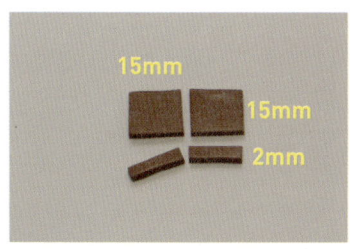

14 3등분 중 두 조각을 세로 2mm를 잘라내어 가로 15mm×세로 15mm로 만든다.

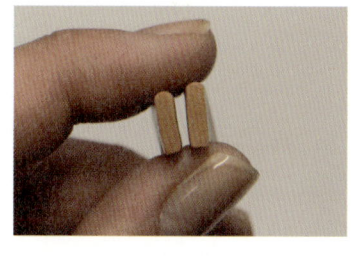

15 나머지 한 조각은 15mm 길이로 2등분한다.

16 2등분한 두 조각 끝을 칼로 비스듬하게 자른다.

17 검은색 점토를 반죽머신 두께 8로 반죽하여 붙을 부분을 제외하고 감아 붙인다.

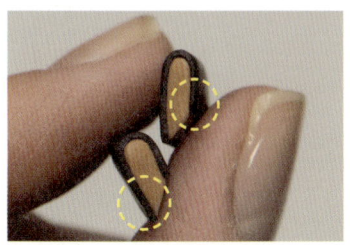

18 2등분한 점토에 검은색 점토를 감은 모습.

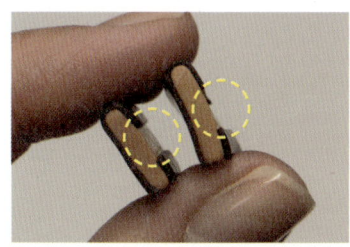

19 점토가 붙을 부분을 제외하고 검은색 점토를 감은 모습.

20 두 개의 조각을 붙여 루돌프 뿔을 만든다.

21 검은색 점토를 반죽머신 두께 7로 반죽하여 얼굴에 한 겹 감고 뿔을 붙인다.

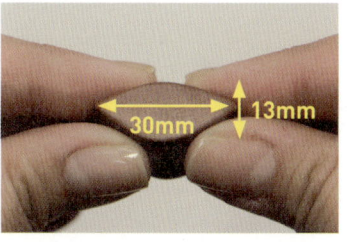

22 갈색 점토와 고동색 점토를 가로 30mm×세로 13mm×높이 20mm 마름모 모양으로 각각 만든다.

23 칼을 곡선으로 만들어 잡고 두 가지 색 마름모 모양 점토를 곡선으로 자른다.

24 고동색 점토를 아래에 갈색 점토를 위에 놓고 붙인다.

 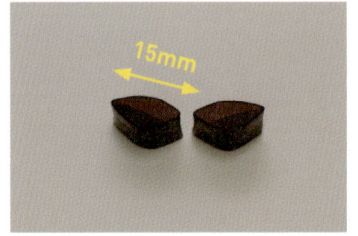 

25 검은색 점토를 반죽머신 두께 7로 반죽하여 한 겹 감는다.

26 단면 길이가 15mm가 될 때까지 늘이고 2등분한다.

27 칼로 끝부분을 잘라 루돌프의 귀를 만든다.

28 만든 귀를 뿔 옆에 붙인다.

29 흰색 점토를 반죽머신 두께 7로 반죽하여 테두리에 한 겹 감는다.

30 반투명 흰색 점토로 배경을 만들고 원형 모양으로 만든다.

✚ 루돌프의 귀와 뿔같이 일정하지 않은 모양의 바탕을 채울 때는 먼저 얇은 두께로 서너 번 두르고 어느 정도 완만한 굴곡이 되면 두꺼운 두께로 둘러줘야 좀 더 섬세한 케인을 만들 수 있다.

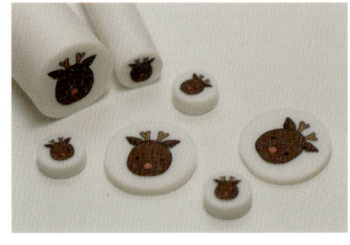 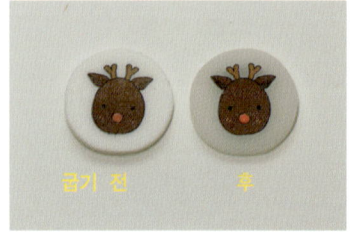

31 케인을 늘이고 완성한 루돌프 케인 단면을 확인한다.

32 케인 바탕색을 반투명 흰색 점토로 사용하여 굽기 전후 색 차이가 있다.

토끼 케인

POLYMER CLAY

폴리머클레이 준비

흰색(타원형, 1개)
가로 45mm×세로 40mm×높이 15mm

＊준비물
폴리머클레이(흰색, 검은색, 회색)
반죽머신, 칼, 빨대(소)

how to make!

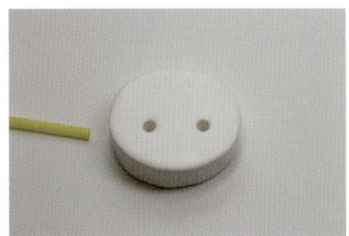

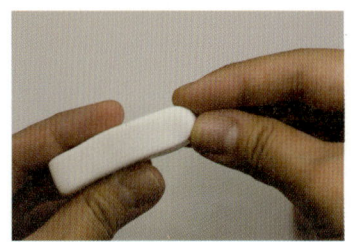

1 빨대(소)로 토끼 눈을 뚫는다.

2 흰색 점토로 길이 50mm×높이 15mm 육면체를 만든다.

3 양쪽 모서리를 엄지와 검지로 눌러 둥글게 만든다.

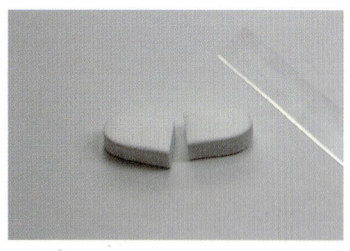

4 칼을 사용하여 반으로 잘라 토끼 귀를 만든다.

5 검은색 점토를 가늘고 길게 밀어 토끼 눈에 채워 넣는다.

6 토끼 머리에 귀를 적당한 위치에 붙인다.

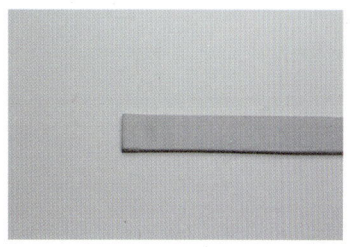

7 회색 점토를 반죽머신 두께 4, 높이 15mm로 반죽한다.

8 귀를 떼어내고 귀를 다시 붙일 자리를 남겨두고 테두리에 회색 점토를 한 겹 감는다.

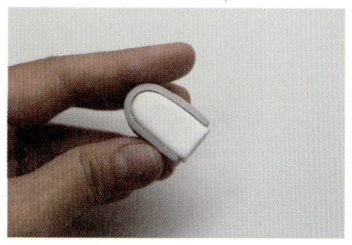

9 머리에 붙을 부분을 제외하고 토끼 귀에 회색 점토를 감는다.

10 토끼 귀를 머리에 붙이고 크기가 적당한지 확인한다.

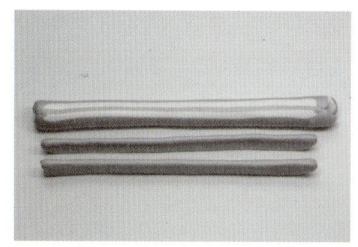

11 토끼 얼굴과 귀를 따로 분리하여 원하는 크기만큼 늘이고 다시 붙인다.

12 단면을 잘라 완성한 토끼 케인을 확인한다.

➕ 테두리에 색을 입혀 케인을 다시 붙일 때는 붙인 틈으로 테두리 안쪽 색 점토가 보이지 않도록 해야 더욱 완성도 있는 케인을 만들 수 있다.

돼지 케인

POLYMER CLAY

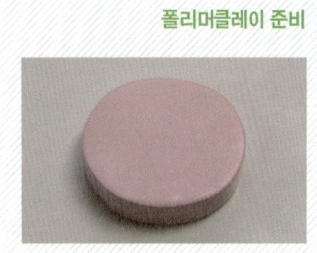

폴리머클레이 준비

—
연분홍색(타원형, 1개)
가로 50mm×세로 40mm×높이 15mm

*준비물
폴리머클레이(연분홍색, 분홍색, 검은색)
반죽머신, 칼, 빨대(소, 대), 바늘(대)

how to make!

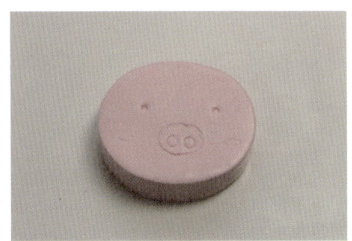

1 점토 면에 돼지 얼굴을 스케치
한다.

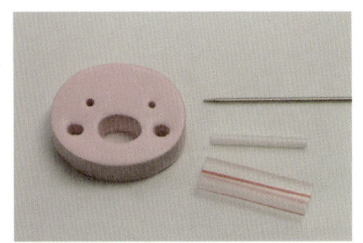

2 바늘로 눈을, 빨대(소)로 볼을,
빨대(대)로 코를 뚫는다.

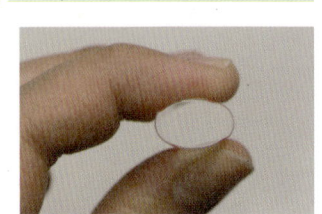

돼지 코와 같이 타원형을 뚫을 때는
빨대를 살짝 눌러 잡고 뚫으면 된다.

3 분홍색 점토로 작은 원기둥을 만들어 빨대(소)로 콧구멍을 뚫는다.

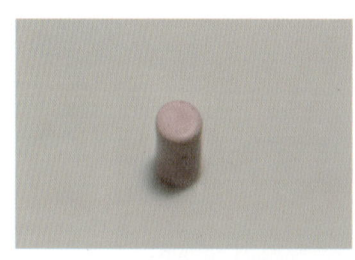

4 분홍색 점토로 가느다란 원기둥을 만든다.

5 검은색 점토를 반죽머신 두께 7로 반죽한다.

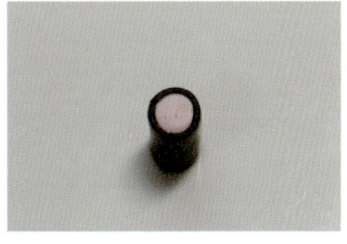

6 검은색 점토를 가느다란 분홍색 원기둥 점토에 한 겹 감는다.

7 돼지 콧구멍에 들어갈 수 있는 크기로 늘인 후 두 조각으로 자른다.

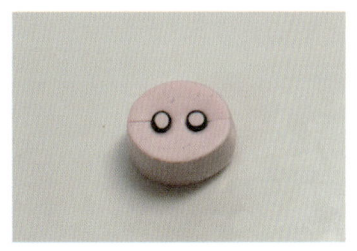

8 돼지 콧구멍에 끼워 넣는다.

9 검은색 점토를 반죽머신 두께 7로 반죽하여 돼지 코 테두리에 한 겹 감는다.

10 돼지 얼굴에 뚫어 놓은 코에 들어갈 크기로 늘인다.

11 분홍색 점토를 돼지 볼에 들어갈 크기로 반죽하여 돼지 얼굴 볼 구멍에 채워 넣는다.

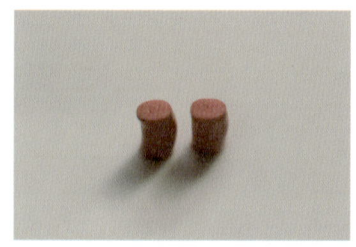

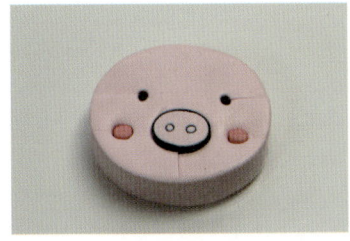

12 볼과 코에 점토를 넣고 검은색 점토를 가늘게 반죽하여 눈에 채워 넣는다.

13 분홍색 점토로 각 변 15mm, 높이 30mm 크기로 모서리가 둥근 삼각기둥을 만든다.

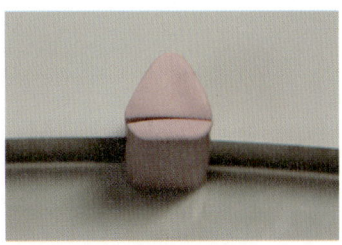

14 삼각기둥 한쪽 면 아래를 살짝 곡선이 되도록 자른다.

15 반으로 잘라 높이 15mm 돼지 귀 두 개를 만든다.

16 돼지 귀를 돼지 얼굴에 붙여 적당한 크기인지 확인한다.

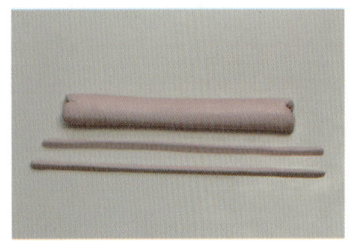

17 얼굴과 귀를 따로 분리하여 원하는 크기만큼 늘인다.

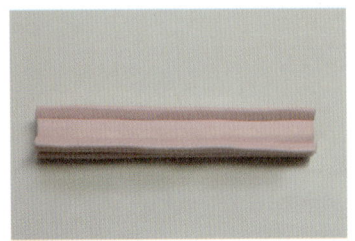

18 늘인 돼지 얼굴과 귀를 다시 붙인다.

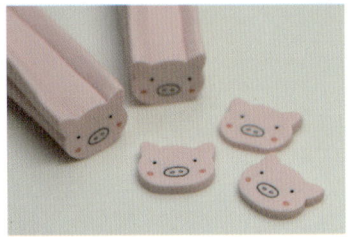

19 단면을 잘라 완성한 돼지 케인을 확인한다.

닭 케인

POLYMER CLAY

폴리머클레이 준비

—
야광(삼각형, 1개)
밑변 45mm×높이 15mm

＊준비물
폴리머클레이(야광, 반투명 분홍색, 반투명 주황색,
반투명 검은색, 연노란색)
반죽머신, 칼, 빨대(소, 대)

how to make!

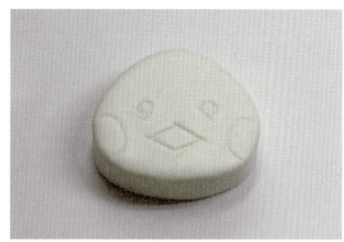

1 야광 점토 삼각형 꼭짓점을 둥
글게 다듬고 닭 얼굴을 스케치한다.

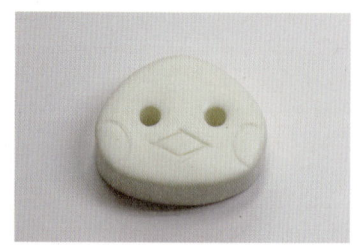

2 빨대(소)를 사용하여 닭의 눈을
뚫는다.

3 반투명 검은색 점토로 원기둥
을 만든다.

4 눈에 들어갈 두께로 늘이고 눈에 채워 넣는다.

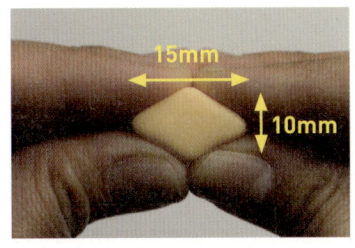

5 반투명 주황색 점토로 가로 15mm×세로 10mm×높이 10mm 마름모를 만든다.

6 좀 더 날카로운 부리 모양을 위해 네 면을 칼로 자른다.

7 마름모 점토를 반으로 자른다.

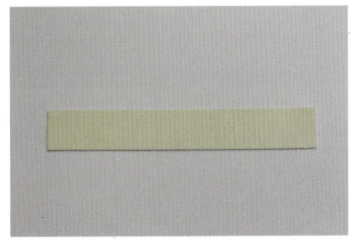

8 연노란색 점토를 반죽머신 두께 7, 높이 10mm로 반죽한다.

9 2등분한 점토 사이에 넣어 붙이고 테두리에 한 겹 감는다.

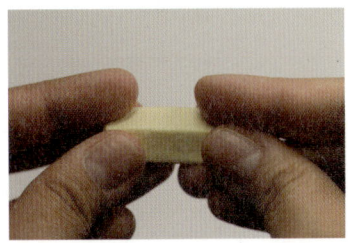

10 그려 놓은 닭 부리 크기에 맞도록 늘인다.

11 부리가 들어갈 부분을 잘라내고 반죽한 부리를 채워 넣는다.

12 빨대(대)로 닭 볼 부분을 뚫는다.

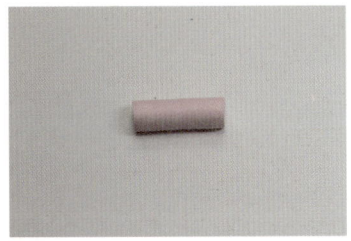

13 분홍색 점토로 원기둥을 만든다.

14 닭 볼에 분홍색 점토를 채워 넣는다.

15 튀어나온 볼은 칼로 잘라 둥근 삼각형 모양의 얼굴로 만든다.

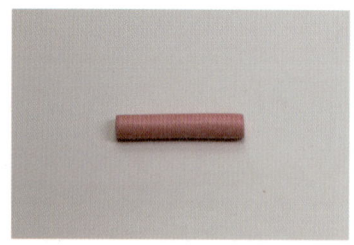

16 반투명 분홍색 점토로 지름 7mm×높이 45mm 원기둥을 만든다.

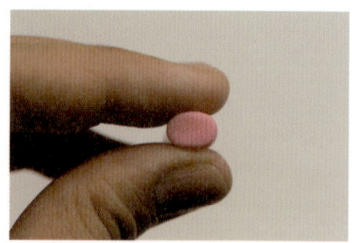

17 반투명 분홍색 원기둥 점토를 눌러 타원형으로 만든다.

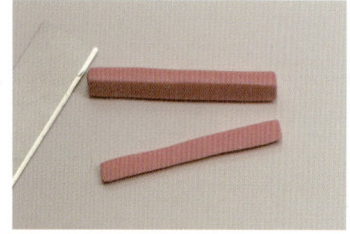

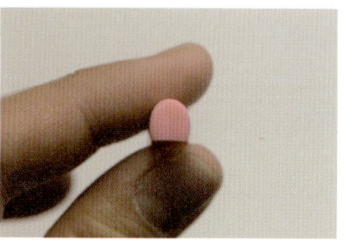

18 반투명 분홍색 타원형 기둥 한쪽 면을 칼로 자른다.

19 반투명 분홍색 타원형 기둥을 15mm 길이로 3등분한다.

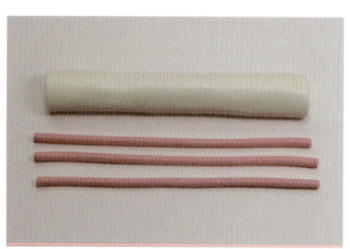

20 닭 볏이 닭 얼굴 크기에 적당한지 붙여본다.

21 닭 얼굴과 볏을 따로 분리하여 원하는 크기만큼 늘이고 다시 붙인다.

22 완성한 닭 케인 단면을 잘라 확인한다.

23 닭 얼굴은 야광 점토를 사용했기 때문에 어두운 곳에서는 발광한다.

24 닭 볏과 부리는 반투명 점토를 사용하여 오븐에 굽기 전후 색 차이가 있다.

판다 케인

POLYMER CLAY

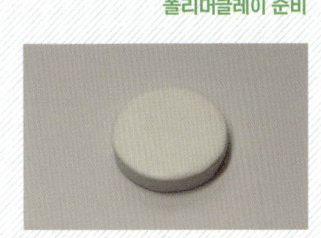

폴리머클레이 준비

—
흰색(원기둥, 1개)
가로 50mm×세로 45mm×높이 15mm

* 준비물

폴리머클레이(흰색, 분홍색, 펄 회색, 검은색)
반죽머신, 칼, 바늘(대), 빨대(소, 대)

how to make!

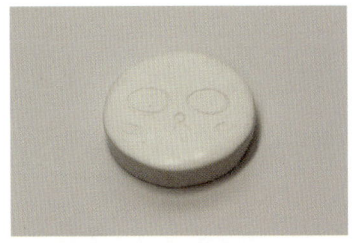

1 반죽한 점토 면에 판다 얼굴을 스케치한다.

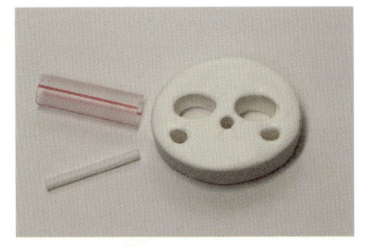

2 빨대(소)로 볼을 바늘로 코를 빨대(대)로 눈을 뚫는다.

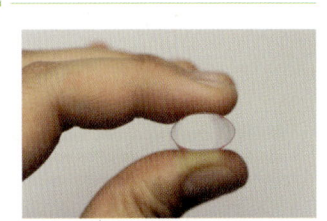

판다 눈과 같이 타원형을 뚫을 때는 빨대를 살짝 눌러 잡고 뚫으면 된다.

3 검은색과 분홍색 점토로 눈과 코와 볼을 채우고 칼로 판다 입을 자른다.

4 검은색 점토로 반죽머신 두께7, 가로 5mm×세로 15mm 사각형을 두 개 만든다.

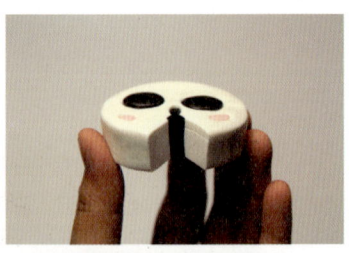

5 사각형 검은색 점토를 코 아래에 붙인다.

6 잘라낸 조각을 다시 붙인다.

7 검은색 점토로 지름 15mm×높이 30mm 원기둥을 만든다.

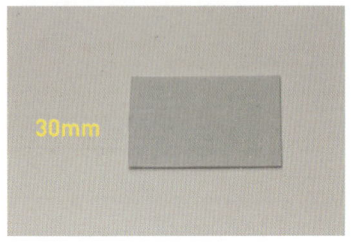

8 펄 회색 점토를 반죽머신 두께 5, 높이 30mm로 반죽한다.

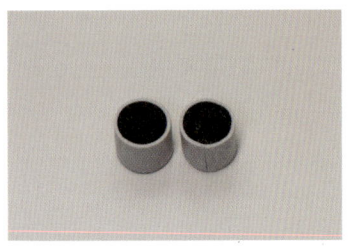

9 반죽한 펄 회색 점토를 검은색 원기둥에 한 겹 감고 2등분한다.

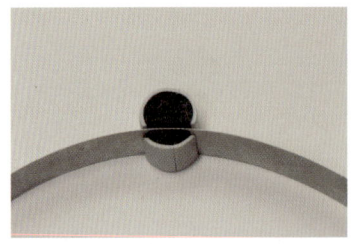

10 2등분한 원기둥을 곡선으로 잘라 판다 귀를 만든다.

11 귀를 얼굴에 붙이고 펄 회색 점토를 한 겹 감는다.

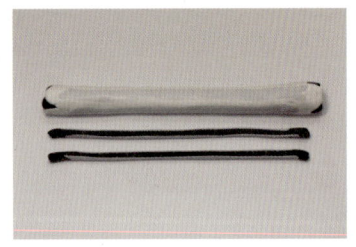

12 얼굴과 귀를 분리하여 원하는 크기만큼 늘이고 얼굴과 귀를 다시 붙인다.

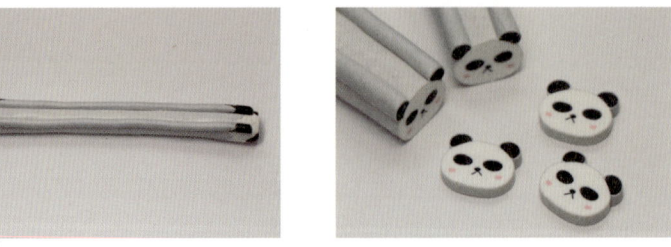

13 완성한 판다 케인 단면을 잘라 확인한다.

호랑이 케인

POLYMER CLAY

폴리머클레이 준비

—
노란색(원기둥, 1개)
가로 50mm×세로 45mm×높이 15mm

*준비물

폴리머클레이(흰색, 노란색, 주황색, 검은색)
반죽머신, 칼, 바늘(대), 빨대(소, 중)

how to make!

1 원기둥면에 호랑이 얼굴을 스케치한다.

2 빨대(소)를 사용하여 호랑이 코를 뚫는다.

3 빨대(중)로 호랑이 입을 뚫는다.

4 호랑이 코와 입을 빨대를 사용하여 뚫은 모습

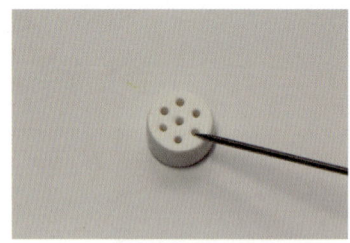

5 흰색 점토로 지름 15mm×높이 15mm 원기둥을 만들고 바늘(대)로 구멍을 뚫는다.

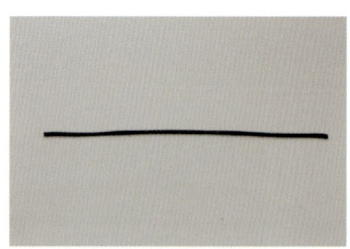

6 검은색 점토를 바늘(대) 굵기로 가늘고 길게 반죽한다.

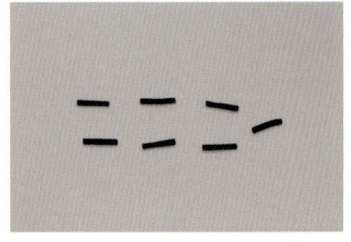

7 반죽한 검은색 점토를 15mm 길이로 구멍 개수만큼 자른다.

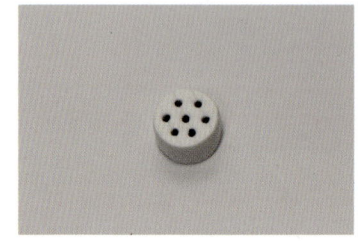

8 뚫어 놓은 구멍에 채워 넣는다.

9 검은색 점토를 반죽머신 두께 7, 높이 15mm로 반죽한다.

10 흰색 점토 테두리에 한 겹 감는다.

11 호랑이 입에 들어갈 굵기로 늘려 2등분한 후 나란히 붙여 모양을 다듬는다.

12 호랑이 입에 채워 넣는다.

13 입을 채우면서 막힌 코는 빨대(소)로 다시 뚫는다.

14 검은색 점토를 반죽하여 코에 채워 넣는다.

15 눈도 빨대(소)로 뚫고 검은색 점토를 반죽하여 채운다.

16 칼을 사용하여 수염이 들어갈 부분을 자른다.

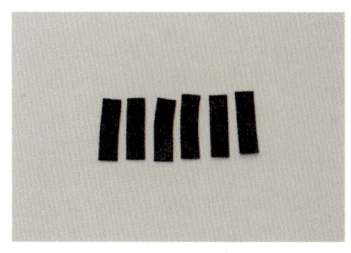

17 검은색 점토를 반죽머신 두께 7, 가로 5mm×세로 15mm로 여섯 조각 만든다.

18 검은색 점토 조각을 칼끝에 얹어 붙인다.

19 검은색 점토 조각을 호랑이 입 부분까지 깊숙이 넣어 붙인다.

20 호랑이 얼굴에 줄무늬가 들어갈 부분을 자르고 검은색 점토로 채워 넣는다.

21 주황색 점토로 지름 12mm× 높이 30mm 원기둥을 만든다.

22 노란색 점토를 반죽머신 두께 1, 높이 30mm로 반죽한다.

23 주황색 원기둥에 노란색 점토를 한 겹 감는다.

24 원기둥을 높이 15mm가 되도록 2등분한다.

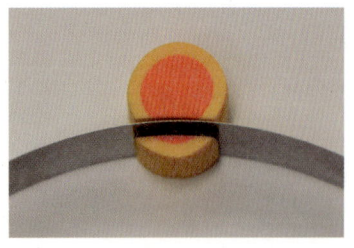

25   2등분한 점토를 칼을 사용하여 곡선으로 잘라 호랑이 귀를 만든다.

26   호랑이 얼굴에 귀 크기가 적당한지 붙여본다.

27   호랑이 얼굴과 귀를 분리하여 원하는 크기만큼 늘인다.

28   늘인 호랑이 얼굴과 귀를 다시 붙인다.

29   완성한 호랑이 케인 단면을 잘라 확인한다.

원숭이 케인

POLYMER CLAY

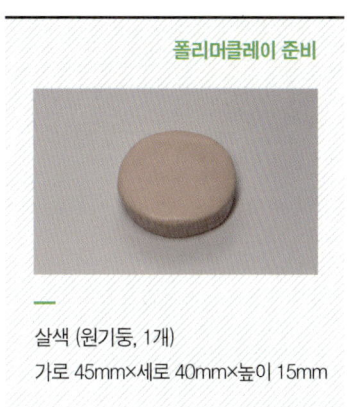

폴리머클레이 준비

—
살색 (원기둥, 1개)
가로 45mm×세로 40mm×높이 15mm

※준비물
폴리머클레이(살색, 베이지색, 갈색, 검은색)
반죽머신, 칼, 빨대(소), 자

how to make!

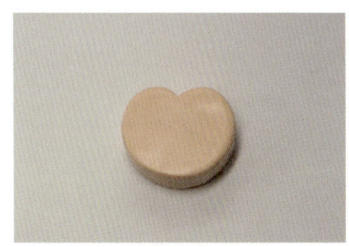

1 자로 넓은 쪽의 중앙을 누른다.

2 손가락으로 다듬어 원숭이 머리를 3자 모양으로 만든다.

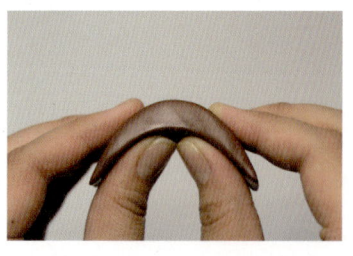

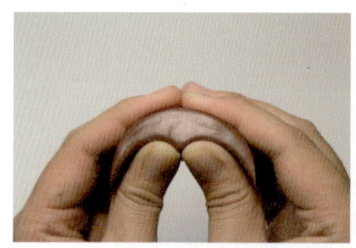

3 갈색 점토를 반죽하여 눈썹 모 양을 만든다.

4 원숭이 머리에 맞도록 엄지손가락으로 눌러 3자 모양을 만든다.

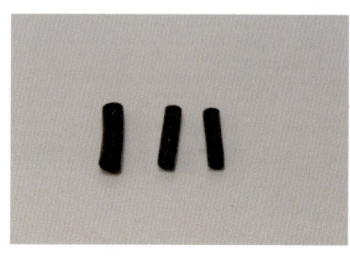

5 두 점토를 붙이고 원숭이 얼굴을 스케치한다.

6 빨대(소)를 사용하여 원숭이 눈 과 코를 뚫는다.

7 검은색 점토를 가늘고 길게 반 죽한다.

8 반죽한 검은색 점토를 눈과 코 에 채워 넣는다.

9 원숭이 입 부분을 삼각형 모양 으로 자른다.

10 검은색 점토를 반죽머신 두께 7, 가로 5mm×세로 15mm로 두 개 만든다.

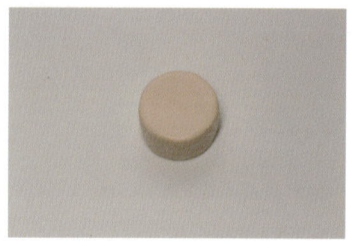

11 삼각형으로 자른 모서리에 검 은색 점토를 붙인다.

12 삼각형 점토를 다시 원숭이 얼 굴에 붙인다.

13 살색 점토로 지름 25mm×높 이 15mm 원기둥을 만든다.

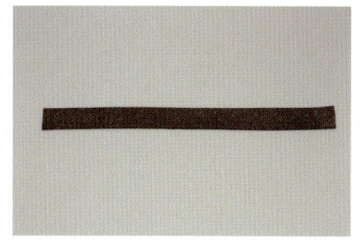

14 갈색 점토를 반죽머신 두께 2, 높이 15mm로 반죽한다.

15 반죽한 갈색 점토를 살색 원기둥에 두 겹 감는다.

16 원기둥을 타원형으로 만든다.

17 타원형을 반으로 자른다.

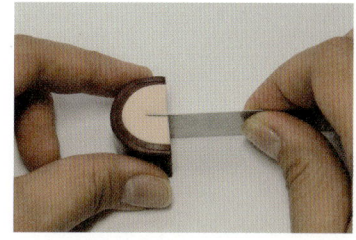

18 2등분한 점토 살색 중앙을 5mm 정도 자른다.

19 베이지색 점토를 두께 6, 가로 5mm×세로 15mm로 반죽한다.

20 잘라낸 사이에 반죽한 베이지색 점토를 넣는다.

21 베이지색을 넣은 중앙 부분을 손가락으로 눌러 눈썹 모양으로 만든다.

22 원숭이 얼굴에 귀를 붙여 적당한 크기인지 확인한다.

23 원숭이 얼굴과 귀를 분리하여 원하는 크기만큼 늘이고 다시 붙인다.

24 완성한 원숭이 케인 단면을 잘라 확인한다.

폴리머클레이로 이런 것도 케인으로 만들 수 있을
까? 하는 의심을 풀어주는 기법을 소개한다. 복잡한
문양의 케인부터 다양한 형태의 케인까지 만드는 법
을 배운다.

다양한 케인 만들기

눈꽃 케인

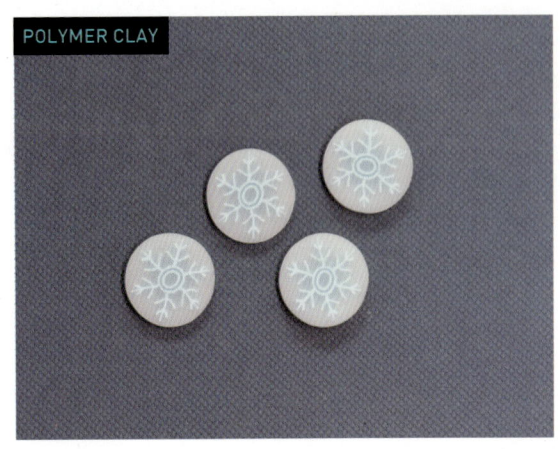

POLYMER CLAY

폴리머클레이 준비

반투명 흰색(원기둥, 1개)
지름 30mm×높이 20mm

＊준비물
폴리머클레이(반투명 흰색, 하늘색)
반죽머신, 칼, 닷팅툴

how to make!

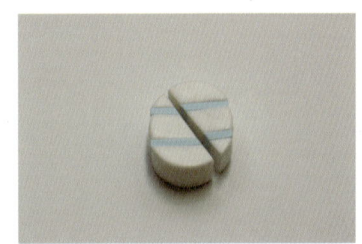

1 반투명 흰색 원기둥 점토를 3등분한다.

2 하늘색 점토를 두께 1, 높이 20mm로 반죽하여 3등분한 점토 사이에 넣어 붙인다.

3 점토를 대각선으로 자른다.

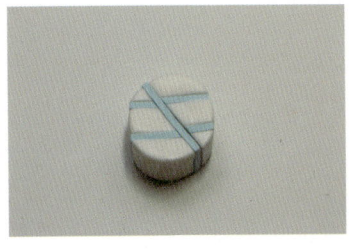

4 반죽한 하늘색 점토를 사이에 넣고 붙인다.

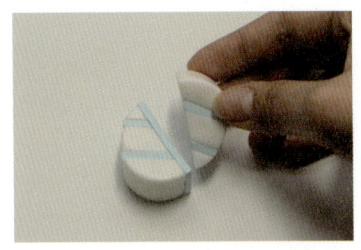

5 대각선으로 자른 오른쪽 조각을 뒤집어 하늘색 점토가 V가 되도록 붙여 나뭇잎 모양으로 만든다.

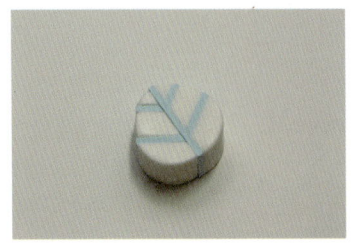

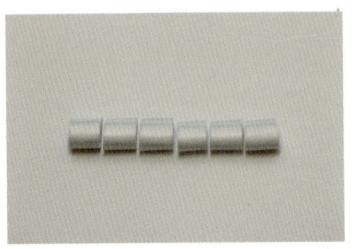

6 나뭇잎 모양의 뾰족한 부분을 손가락 다듬는다.

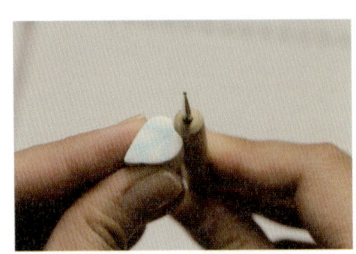

7 점토를 사용할 길이 90mm보다 더 길게 늘인다.

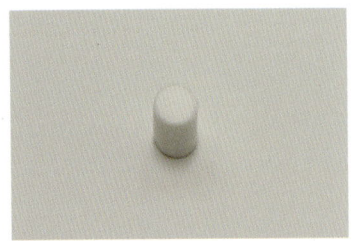

8 여분 끝을 잘라내고 15mm 길이로 6등분한다.

9 닷팅툴로 눈꽃 잎 중심이 들어갈 부분을 눌러 곡선처리한다.

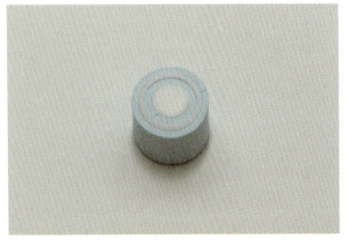

10 나머지 눈꽃 잎 모두 같은 방법으로 곡선처리한다.

11 반투명 흰색 점토로 지름 10mm×높이 15mm 원기둥을 만든다.

12 높이 15mm로 하늘색 점토를 두께 4, 반투명 흰색 점토를 두께 5로 반죽한다.

13 반투명 흰색 원기둥에 하늘색 - 반투명 흰색 - 하늘색 순서로 감는다.

14 꽃잎 사이에 들어갈 크기로 늘인 후 넣는다.

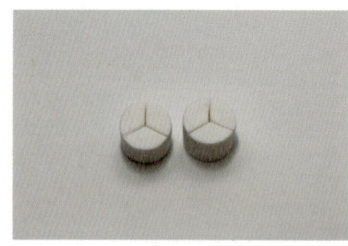

15 반투명 흰색 점토를 지름 25mm×높이 15mm로 두 개 만들어 각각 3등분한다.

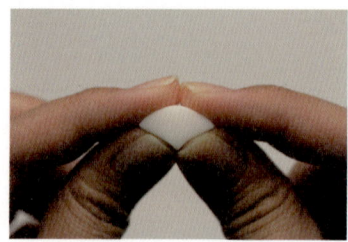

16 여섯 조각 모두 부채꼴 모양으로 만든다.

17 부채꼴 모양 점토를 눈꽃 잎 사이사이에 채운다.

18 반투명 흰색 점토를 두께 1로 반죽해 테두리에 한 겹 감는다.

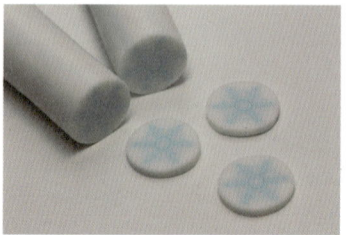

19 케인을 늘이고 완성한 눈꽃 케인 단면을 확인한다.

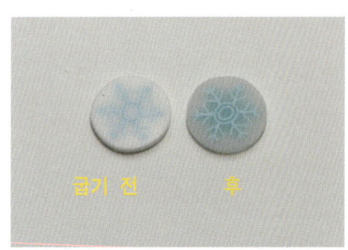

20 케인 바탕색을 반투명 흰색 점토로 사용하여 굽기 전후 색 차이가 있다.

이니셜 케인

POLYMER CLAY

폴리머클레이 준비

반죽머신 두께 6
반죽머신 두께 5
반죽머신 두께 4
반죽머신 두께 5
반죽머신 두께 6

흰색(2장) / 반죽머신 두께 6
가로 100mm×세로 10mm

흰색(1장) / 반죽머신 두께 4
가로 100mm×세로 10mm

흰색(1장) / 반죽머신 두께 5
가로 100mm×세로 10mm

검은색(1장) / 반죽머신 두께 5
가로 100mm×세로 10mm

두께 5 검은색과 흰색을 5mm로
잘라 번갈아가면서 정렬한다.

＊준비물
폴리머클레이(분홍색, 흰색, 검은색)
반죽머신, 칼, 바늘(소)

how to make!

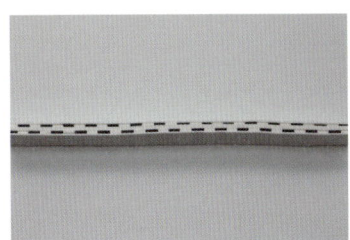

1 준비한 다섯 장의 점토를 차례로 겹치고 반죽머신 두께 2로 반죽한다.

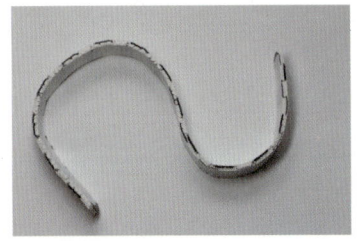

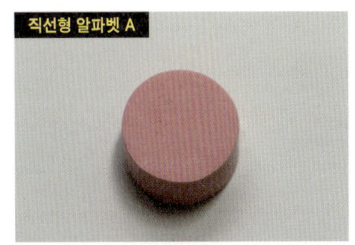

직선형 알파벳 A

2 분홍색 점토로 지름 30mm×높이 15mm 원기둥을 만든다.

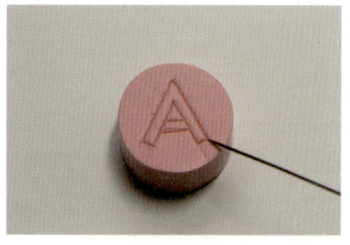

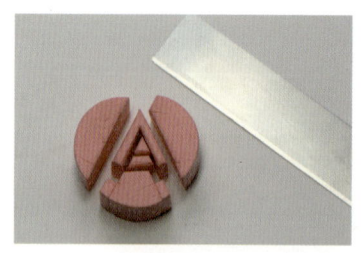

3 점토에 알파벳 A자를 그려 넣는다.

4 원기둥에 스케치한 알파벳 A자 모양을 따라 칼로 자르고 A를 빼낸다.

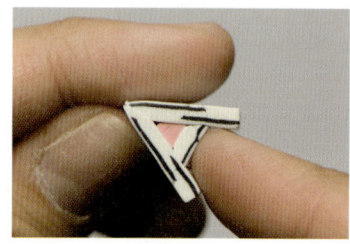

5 준비한 점토로 빼낸 크기에 맞게 A자 모양을 만든다.

6 원기둥에서 잘라낸 중앙 분홍색 조각을 잘 맞춰 A자 모양을 만든다.

7 빈 곳에 새롭게 만든 A자를 채워 넣는다.

곡선형 알파벳 O

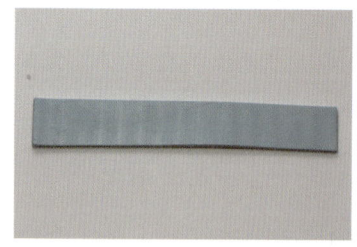

8 하늘색 점토로 지름 12mm×높이 15mm 원기둥을 만든다.

9 준비한 점토를 하늘색 원기둥에 한 겹 감는다.

10 하늘색 점토를 반죽머신 두께 1, 높이 15mm로 반죽한다.

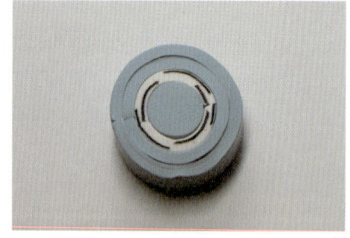

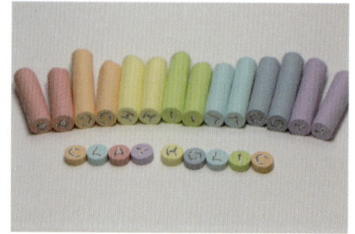

11 테두리에 두 겹 감아 알파벳 O 케인을 만든다.

12 위와 같은 방법으로 다양한 알파벳을 만들 수 있다.

13 이니셜 케인을 늘인 후 단면을 잘라 완성한 케인을 확인한다.

당근 케인

POLYMER CLAY

폴리머클레이 준비

주황색(삼각형, 1개)
가로 30mmx세로40mmv×높이 15mm

*준비물

폴리머클레이(초록색, 진한 초록색,
펄 노란색, 주황색, 검은색)
반죽머신, 칼

how to make!

1 검은색 점토를 반죽머신 두께
5, 높이 15mm가 되도록 만든다.

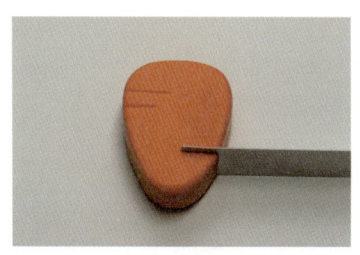

2 삼각형 모양으로 반죽한 주황색 점토 양쪽 면에 칼집을 내고 검은색 점토
를 잘라 넣는다.

3 초록색 점토를 윗변 25mm, 아랫변 20mm 사다리꼴로 만든다.

4 사다리꼴로 반죽한 초록색 점토를 3등분한다.

5 진한 초록색 점토를 반죽머신 두께 5, 높이 15mm로 반죽한다.

6 진한 초록색 점토를 3등분한 초록색 점토 사이에 넣어 붙인다.

7 펄 노란색 점토를 반죽머신 두께 4, 높이 15mm로 반죽한다.

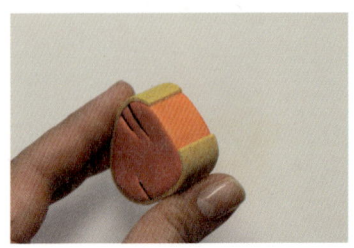

8 당근 줄기가 붙을 부분을 제외하고 테두리에 한 겹 감는다.

9 초록색 줄기도 당근에 붙을 부분을 제외하고 한 겹 감는다.

10 당근과 줄기를 붙여 테두리 빈틈을 확인한다.

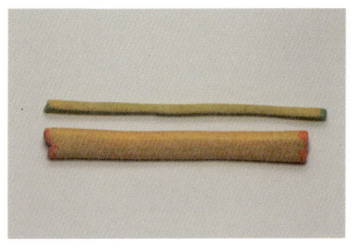

11 당근과 줄기를 분리하여 따로따로 늘인다.

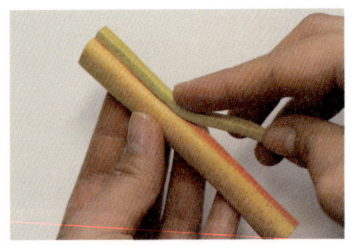

12 원하는 크기만큼 늘이고 당근과 줄기를 다시 붙인다.

13 단면을 잘라 완성한 당근 케인을 확인한다.

＋
당근과 줄기를 붙이고 난 후 테두리에 주황색이나 초록색이 보이지 않아야 완성도 높은 케인이 완성된다.

붕어빵 케인

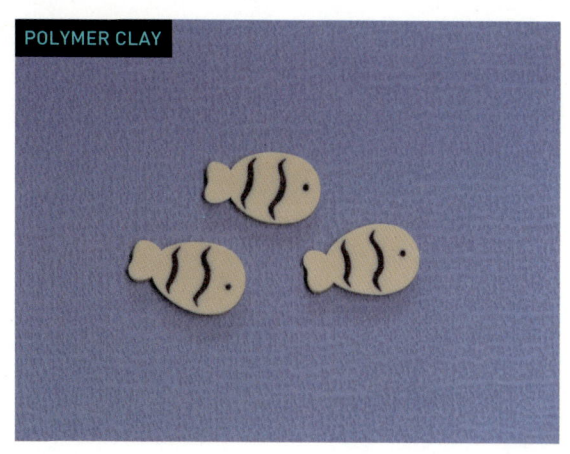

POLYMER CLAY

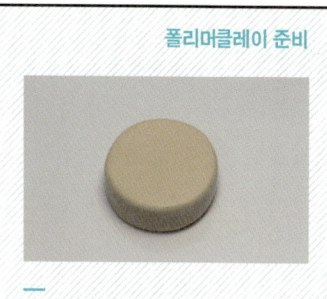

폴리머클레이 준비

상아색(원기둥, 1개)
지름 40mm×높이 15mm

※준비물

폴리머클레이(상아색, 갈색)
반죽머신, 칼, 빨대(소), 닷팅툴

how to make!

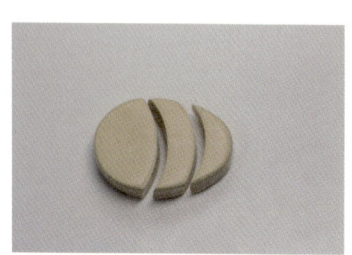

1 오른쪽을 살짝 눌러 달걀모양
으로 만든다.

2 칼을 곡선으로 휘도록 잡고 세 조각으로 자른다.

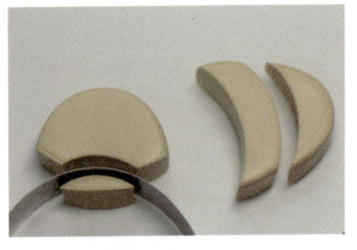  

3 붕어빵의 물결 모양을 표현하기 위해 큰 조각과 중간 조각을 곡선으로 자른다.

4 잘라낸 작은 조각들을 오른쪽 조각에 붙인다.

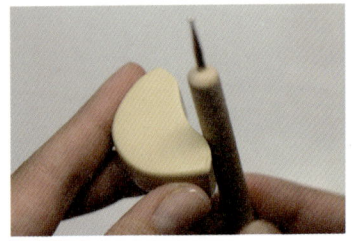 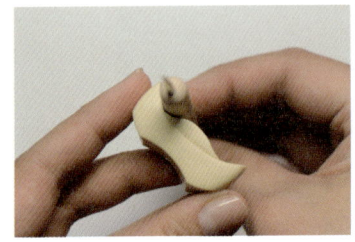 

5 닷팅툴 옆 부분으로 절단으로 각진 부분을 다듬는다.

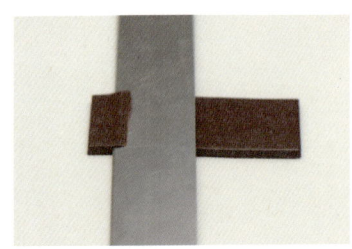 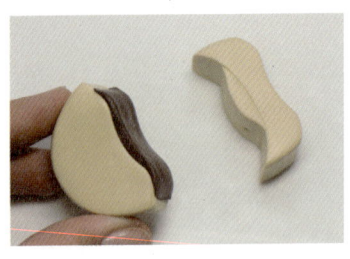 

6 갈색 점토를 반죽머신 두께 1, 높이 15mm로 반죽한다.

7 반죽한 갈색 점토 양쪽 끝을 칼로 비스듬하게 자른다.

8 갈색 점토를 잘라낸 조각 사이사이에 채워 넣어 붙인다.

9 상아색 점토를 높이 15mm로 반죽하여 붕어빵 꼬리를 만든다.

10 닷팅툴 옆 부분으로 점토를 눌러 하트모양으로 만든다.

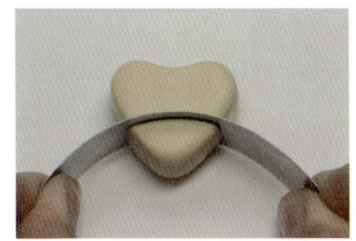

11 붕어빵 몸통에 붙을 부분을 곡선으로 자른다.

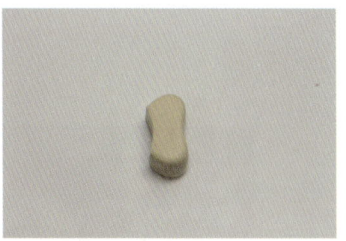

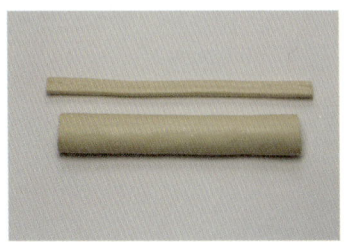

12 꼬리를 붕어빵 몸통에 붙인다.

13 빨대(소)를 사용하여 붕어빵 눈을 뚫고 갈색 점토로 눈을 채워 넣는다.

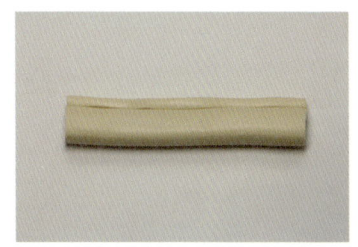

14 몸통과 꼬리를 분리하여 원하는 크기만큼 늘인다.

15 늘이다가 사라진 꼬리 곡선은 닷팅툴을 사용하여 다시 만든다.

16 늘인 붕어빵 몸통과 꼬리를 다시 붙인다.

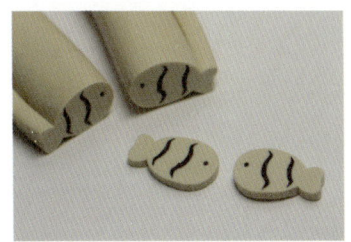

17 단면을 잘라 완성한 붕어빵 케인을 확인한다.

트리 케인

POLYMER CLAY

폴리머클레이 준비

—
반투명 흰색(물방울 모양, 1개)
가로 20mm×세로 35mm×높이 15mm

*준비물

폴리머클레이(반투명 흰색, 반투명 빨간색,
반투명 주황색, 반투명 노란색, 반투명 파란색,
반투명 보라색, 펄 흰색, 흰색, 초록색, 갈색)
반죽머신, 칼, 바늘(소), 빨대(소, 중, 대), 닷팅툴

how to make!

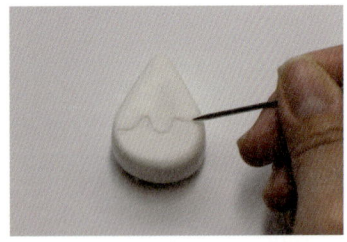

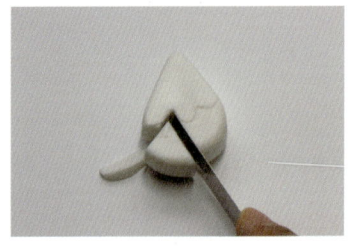

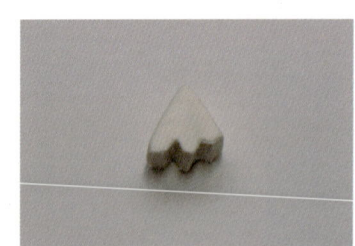

1 트리 위에 눈이 쌓인 효과를 주기 위해 물결무늬를 그린다.

2 칼을 사용하여 물결무늬 곡선을 따라 점토를 자른다.

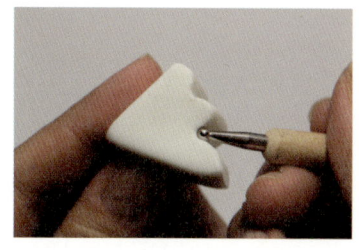

3 자른 곡선을 닷팅툴을 사용하여 다듬는다.

4 흰색 점토를 반죽머신 두께 7, 높이 15mm로 반죽한다.

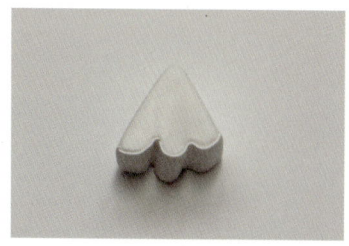

5 흰색 점토를 곡선 면에 한 겹 붙인다.

6 초록색 점토를 반죽머신 두께 7, 높이 15mm로 반죽하여 곡선 면에 한 겹 붙인다.

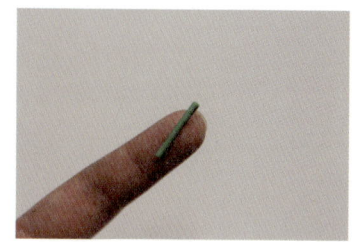

7 초록색 점토로 가늘고 길게 원기둥을 만든다.

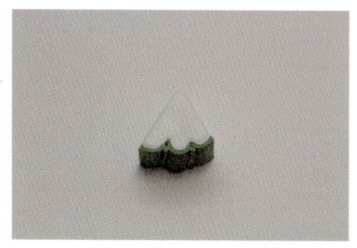

8 초록색 원기둥 점토를 오목한 부분에 끼워 넣어 붙인다.

9 초록색 점토를 높이 15mm로 반죽하여 평행 사변형으로 만든다.

10 두 점토를 붙이고 삼각형 모양으로 다듬는다.

11 트리에 다양한 장식 효과를 주기 위해 다양한 크기의 빨대를 사용하여 여러 개의 구멍을 뚫는다.

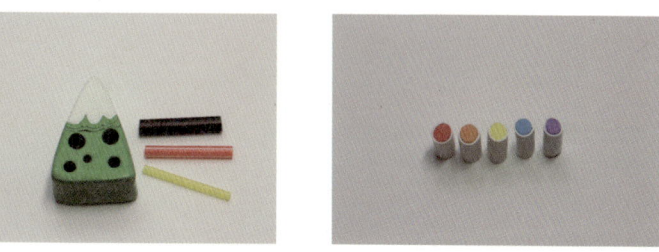

12 다양한 색의 반투명 점토로 원기둥을 만들고 흰색 점토를 한 겹 감는다.

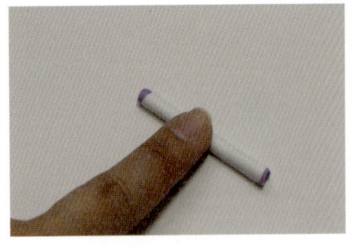

13 다양한 색의 원기둥을 구멍 크기에 맞게 늘인다.

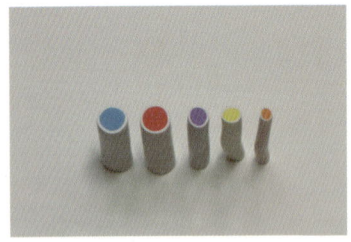

14 트리 구멍에 원기둥을 채워 넣는다.

15 갈색 점토로 사각 모양의 나무 기둥을 만든다.

16 트리와 나무기둥을 붙인다.

17 펄 흰색 점토를 반죽머신 두께 1, 높이 15mm로 반죽한다.

18 트리와 기둥이 서로 붙는 부분을 빼고 한 겹 감는다.

19 테두리에 빈틈이 없는지 붙여 본다.

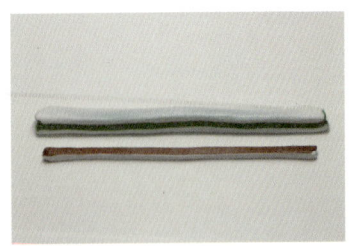

20 트리와 기둥을 분리하여 길이를 늘인다.

21 트리와 기둥을 붙이고 완성한 트리 케인을 확인한다.

굽기 전   후

22 반투명 점토를 사용하여 오븐에 굽기 전후 색 차이가 있다.

야광 해골 케인

POLYMER CLAY

폴리머클레이 준비

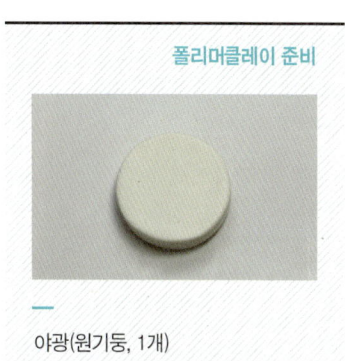

야광(원기둥, 1개)
지름 50mm×높이 15mm

＊준비물
  폴리머클레이(야광, 검은색)
  반죽머신, 칼, 바늘(소, 대), 빨대(대)

how to make!

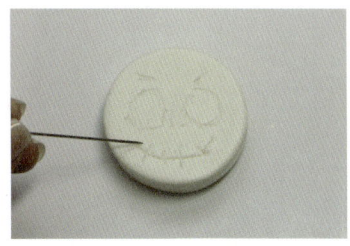

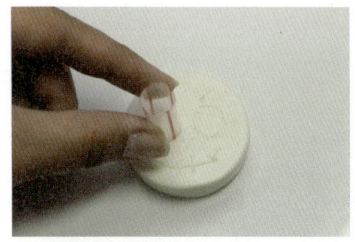

1 바늘(소)로 해골 얼굴을 스케치
한다.

2 빨대(대)를 사용하여 스케치한 해골 눈 두 개를 뚫는다.

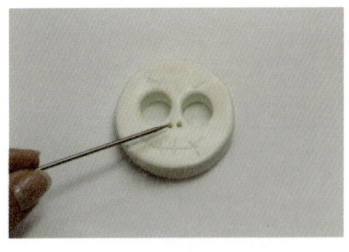

3 바늘(대)로 해골 콧구멍을 두 개 뚫는다.

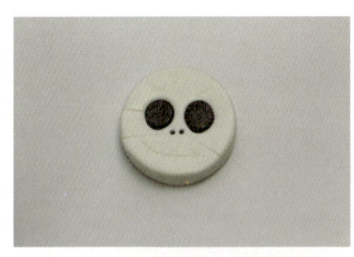

4 검은색 점토를 반죽하여 눈과 콧구멍을 채운다.

5 칼로 눈 위에 눈썹을 자른다.

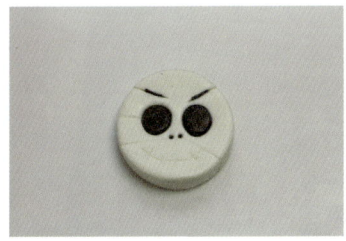

6 검은색 점토를 두께 6으로 반죽하여 눈썹 사이에 넣는다.

7 칼을 곡선으로 만들어 해골 입을 자른다.

8 해골 입 사이에 검은색 점토를 두께 6으로 반죽하여 넣고 붙인다.

9 입을 세로 방향으로 자르고 입 사이사이에 검은색 점토를 두께 6으로 반죽하여 채워 넣는다.

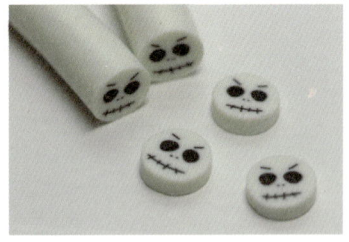

10 케인을 늘이고 완성한 해골 케인 단면을 확인한다.

11 해골 케인은 야광 점토를 사용하여 어두운 곳에서는 발광한다.

호박 케인

POLYMER CLAY

폴리머클레이 준비

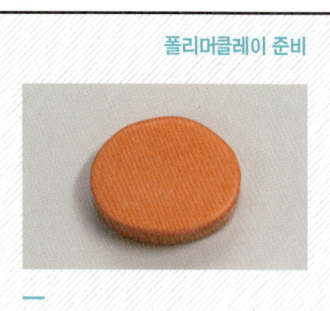

주황색(원기둥, 1개)
가로 50mm×세로 45mm×높이 15mm

＊준비물
폴리머클레이(반투명 흰색, 주황색, 초록색, 검은색)
반죽머신, 칼, 바늘(소, 대), 빨대(대)

how to make!

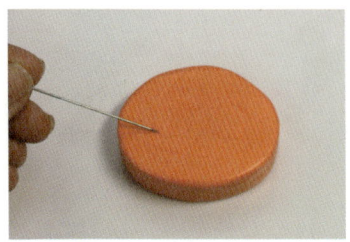

1 바늘(소)로 호박 얼굴을 스케치
한다.

2 점토를 곡선으로 다섯 조각이
되도록 자른다.

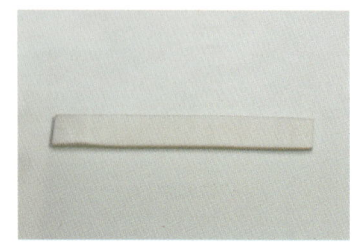

3 반투명 흰색 점토를 반죽머신
두께 1, 높이 15mm로 만든다.

4 조각낸 호박 사이사이에 반투명 흰색 점토를 채워 넣는다.

5 호박 얼굴 윗부분에는 호박 꼭지를 그리고 선을 따라 칼로 꼭지를 잘라낸다.

6 초록색 점토를 삼각형 모양으로 만들어 호박 꼭지에 채워 넣고 부족한 부분은 점토를 뭉쳐서 채운다.

7 튀어나온 부분은 잘라낸다.

8 빨대(대)와 바늘(대)로 눈과 코를 뚫고 칼로 입을 자른다.

9 잘라낸 입 안쪽을 곡선으로 잘라내어 웃고 있는 입을 만든다.

10 검은색 점토로 눈, 코, 입을 채우고, 초록색 점토로 호박 꼭지를 붙인다.

11 반투명 흰색 점토를 두께 1로 반죽하여 꼭지를 제외하고 테두리에 감는다.

12 호박 얼굴과 꼭지를 따로 늘이고 다시 붙여서 호박 케인을 완성한다.

태극기 케인

POLYMER CLAY

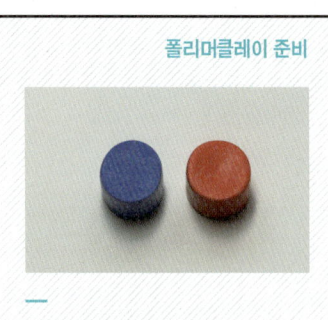

폴리머클레이 준비

파란색, 빨간색(원기둥, 각 1개)
지름 15mm×높이 15mm

＊준비물
폴리머클레이(흰색, 검은색, 빨간색, 파란색)
반죽머신, 칼

how to make!

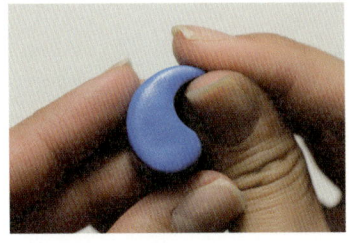

1 파란색과 빨간색 점토를 태극 모양으로 만든다.

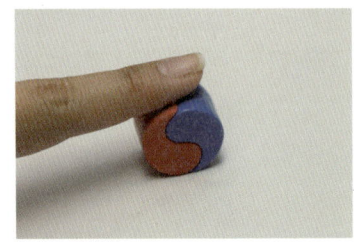

2 두 점토를 붙여 지름 25mm×높이 15mm로 만든다.

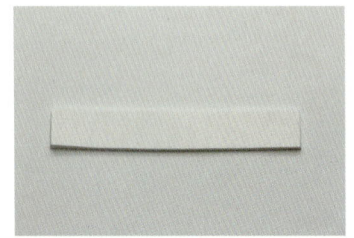

3 흰색 점토를 반죽머신 두께 1, 높이 15mm로 반죽한다.

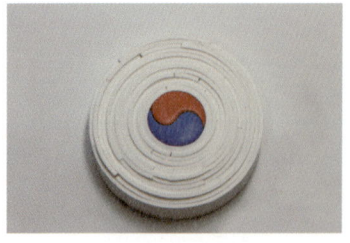

4 태극 케인 지름이 95mm가 되도록 흰색 점토를 감는다.

5 검은색 점토로 두께 2, 가로 17mm×세로 15mm 사각형 12개를 만든다.

6 여섯 개를 가운데 3mm 잘라내고 흰색 점토로 채운다.

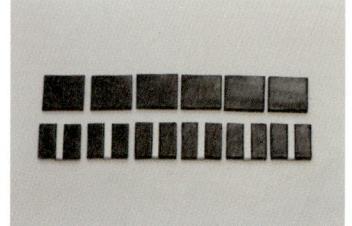

7 흰색 점토를 반죽머신 두께 5, 가로 17mm×세로 15mm 사각형으로 여덟 개 만들어 사진과 같이 정렬한다.

8 정렬한 점토를 차례로 겹쳐 건곤감리 사괘를 만든다.

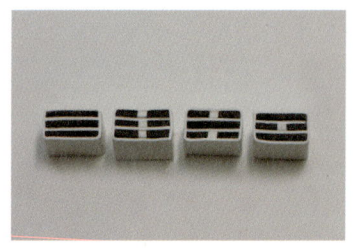

9 흰색 점토를 두께 5로 반죽하여 사괘 테두리에 감는다.

10 사괘를 가로 15mm×세로 8mm×높이로 늘인다.

11 사괘 위치를 스케치하고 잘라내어 사괘로 채워 넣는다.

12 사괘를 모두 채우고 케인을 늘인다.

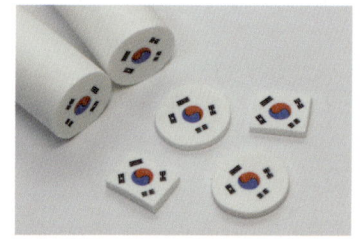

13 원형 케인을 얇게 잘라 사각형으로 자르면 태극기 케인이 완성된다.

＋ 사각형 모양의 태극기 케인을 원형으로 늘이는 이유는 사각형으로 늘이면 힘이 고르게 전달되지 못해 사괘의 모양이 휘어지기 때문이다.

복 케인

POLYMER CLAY

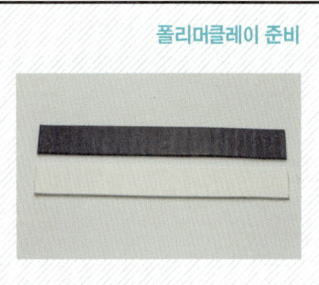

폴리머클레이 준비

남색, 흰색(각 1장)
반죽머신 두께 1
길이 70mm×높이 20mm

＊준비물

폴리머클레이(흰색, 남색, 펄 빨간색,
펄 노란색, 펄 초록색, 펄 파란색)
반죽머신, 칼, 모눈종이, 연필

how to make!

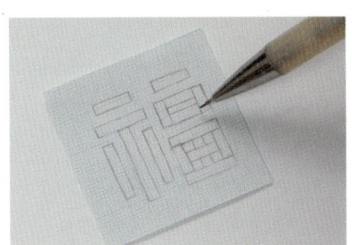

1 모눈종이 50mm×50mm 크기에
한자 福자를 그린다.

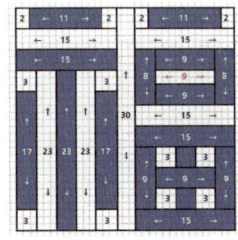

2 폰트 두께는 3mm이며, 빨간색
으로 표시한 폰트의 두께는 2mm
이다.

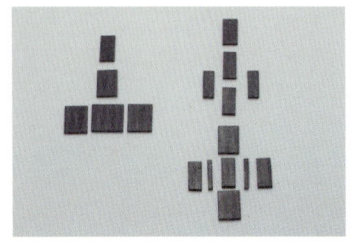

3 반죽한 남색 점토를 모눈종이
크기대로 자른다.

today

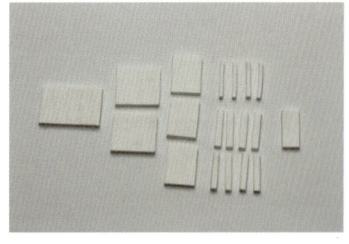

4 흰색 점토를 모눈종이 크기대로 자른다. 정확하게 잘라야 예쁜 케인이 만들어진다.

5 자른 점토 조각 하나하나를 붙여 조립한다.

6 福자가 되도록 모든 조각을 붙인 모습.

7 흰색 점토를 두께 1로 반죽하여 여러 겹 씌우고 둥글게 자른다.

8 지름 50mm가 되도록 잘라내고 다듬는다.

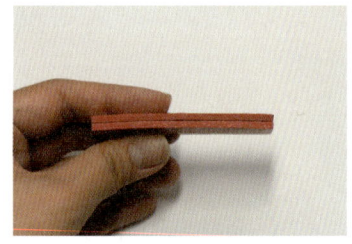

9 펄 빨간색 점토를 반죽머신 두께 1, 높이 20mm를 반죽하여 두 겹으로 겹친 후 15mm 길이로 세 조각을 만든다

10 펄 노란색, 펄 초록색, 펄 파란색 점토도 같은 방법으로 만든다.

11 빨간색, 노란색, 초록색, 파란색 순서로 반복 배열한다.

12 원형 케인 테두리에 감는다.

13 케인을 늘이고 완성한 복 케인 단면을 확인한다.

무지개 그러데이션 롤 케인

POLYMER CLAY

폴리머클레이 준비

─
반투명 빨간색, 반투명 파란색(각 1장)
반죽머신 두께 1
가로 40mm×세로 60mm

─
반투명 노란색(1장)
반죽머신 두께 1
가로 60mm×세로 60mm

*준비물
폴리머클레이(반투명 빨간색, 반투명 노란색,
반투명 파란색, 흰색)
반죽머신, 칼

how to make!

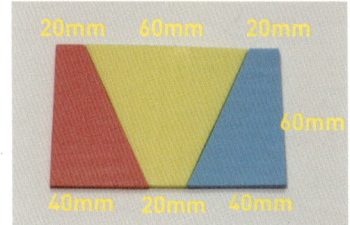

20mm 60mm 20mm

60mm

40mm 20mm 40mm

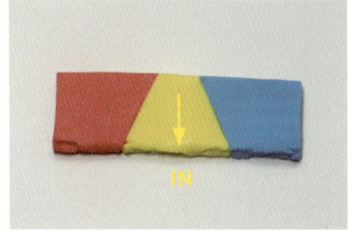

IN

1 준비한 세 가지 점토로 가로
100mm×세로 60mm 직사각형을
만든다.

2 점토를 반으로 접고 화살표 방향으로 반죽머신에 넣어 두께 4까지 그러
데이션한다.

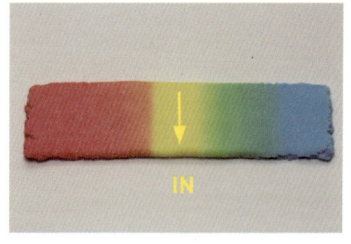  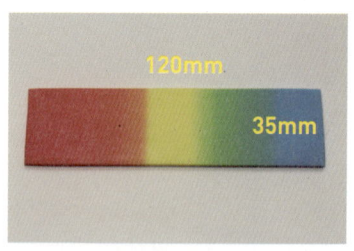

3 그러데이션한 후 점토를 다시 반으로 접어 화살표 방향으로 반죽머신에 넣어 두께 1로 반죽한다.

4 반죽한 점토를 가로 120mm× 세로 35mm로 만든다.

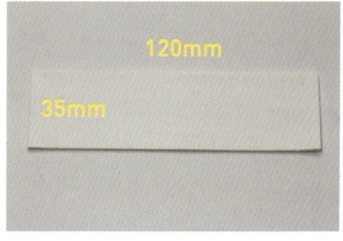  

5 흰색 점토로 두께 4, 가로 120 mm×세로 35mm로 만든다.

6 흰색 점토 위에 무지개 그러데 이션 점토를 얹는다.

7 점토 양쪽 끝을 비스듬하게 칼 로 자른다.

8 빨간색 점토가 안으로 들어가 중심이 되도록 말고 끝부분 색상 점토가 흰 색 밖으로 나오지 않도록 한다.

9 케인을 늘이고 완성한 무지개 그러데이션 롤 케인 단면을 확인 한다.

10 반투명 점토를 사용하여 오븐 에 굽기 전후 색 차이가 있다.

무지개 별 케인

POLYMER CLAY

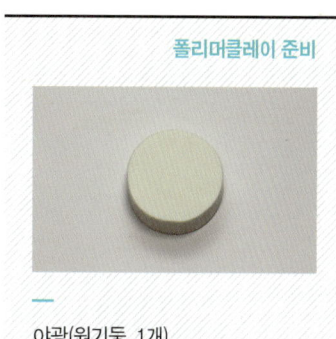

폴리머클레이 준비

―

야광(원기둥, 1개)
지름 40mm×높이 15mm

＊준비물
폴리머클레이(반투명 빨간색, 반투명 노란색,
반투명 파란색, 야광)
반죽머신, 칼

how to make!

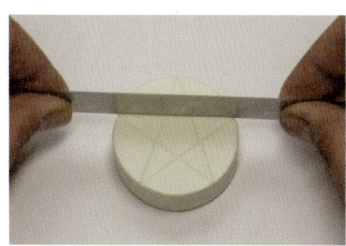

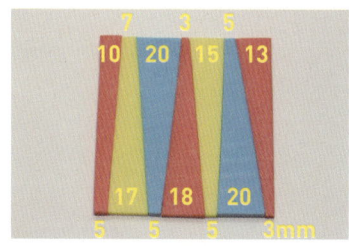

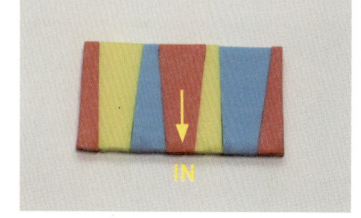

1 칼로 원기둥 위에 별을 스케치
한다.

2 반투명 빨간색, 노란색, 파란색 점토를 두께 1로 반죽하여 사진과 같이 배
열하고 반으로 접어 화살표 방향으로 반죽머신에 넣는다.

3 반죽머신 두께 1로 그러데이션 한다.

4 양쪽 끝을 잘라내고 높이 15mm 로 3등분한다.

5 끝부분을 비스듬하게 자른다.

6 별 선을 따라 흰색 점토를 2mm 두께로 잘라낸다.

7 잘라낸 단면에 무지개 그러데이션 점토를 채워 넣어 붙인다.

8 같은 방법으로 나머지 별 선에 무지개 그러데이션 점토를 붙여 별 모양을 만든다.

9 테두리에 무지개 그러데이션을 한 겹 감는다.

10 케인을 늘이고 완성한 무지개 별 케인 단면을 확인한다.

굽기 전   후

11 반투명 점토를 사용하여 오븐 에 굽기 전후 색 차이가 있다.

12 무지개 별 케인을 빛에 비쳐 보면 더욱 예쁘다.

2색 그러데이션 삼각 케인

POLYMER CLAY

폴리머클레이 준비

흰색, 분홍색, 노란색(각 1장)
반죽머신 두께 1
가로 80mm×세로 60mm

세 점토를 대각선으로 잘라 만든
가로 80mm×세로 60mm
직사각형(2장)

＊준비물
　폴리머클레이(흰색, 노란색, 분홍색)
　반죽머신, 칼

how to make!

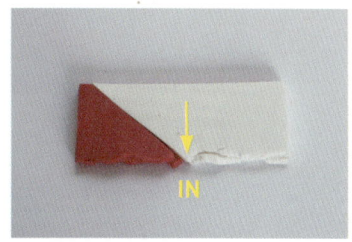

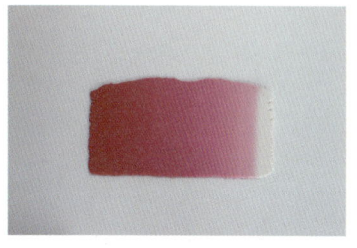

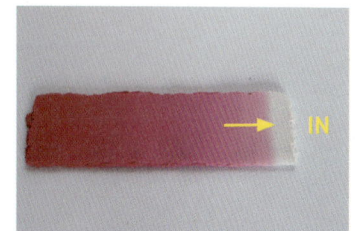

1 준비한 사각형 점토를 반으로 접어 화살표 방향으로 반죽머신에 넣어 두께 5까지 그러데이션한다.

2 다시 반으로 접고 흰색부터 화살표 방향으로 반죽머신에 넣는다.

3 반죽머신 두께 5로 반죽한다.

4 노란색 점토도 같은 방법으로 그러데이션 반죽을 하고 두 점토 모두 흰색이 중심이 되도록 만다.

5 점토를 손가락으로 눌러 양 끝의 모양을 다듬는다.

6 고르지 못한 양쪽 끝은 잘라내고 지름 25mm×높이 25mm 원기둥을 만든다.

7 원기둥을 살살 잡아 빼면서 물방울 모양으로 만든다.

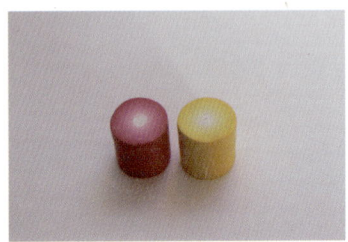
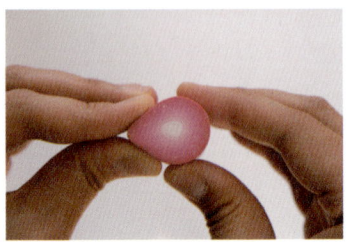

8 물방울 모양을 휘어 눈썹 모양으로 만든다.

9 노란색 원기둥도 같은 방법으로 눈썹 모양을 만들어 두 점토를 붙인다.

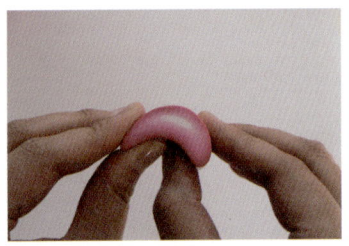

10 노란색과 분홍색의 경계가 되는 부분을 눌러 정삼각형 모양으로 만든다.

11 정삼각형 모양을 유지하면서 사용할 길이 90mm보다 더 길게 늘인다.

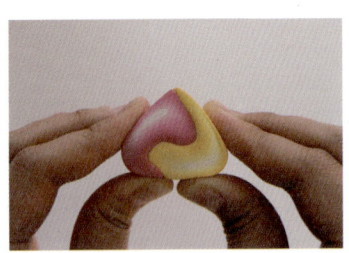

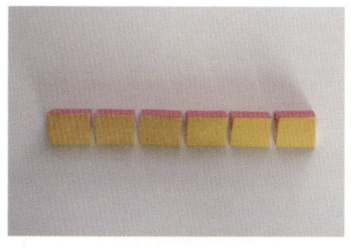

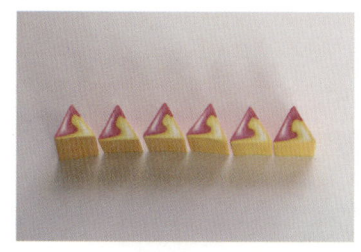

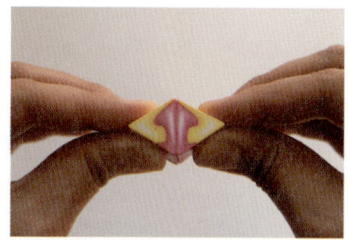

12 양쪽 여분은 잘라내고 90mm를 15mm 길이로 6등분한다.

13 잘라낸 조각 두 개를 사진과 같은 문양이 나오도록 붙인다.

14 나머지 조각도 붙여 육각형으로 만든다.

15 육각형 모양을 유지하면서 사용할 길이 105mm보다 더 길게 늘인다.

16 양쪽 끝 여분은 잘라내고 15mm 길이로 7등분한다.

17 한 조각을 중심으로 여섯 면에 나머지 조각을 붙인다.

18 모양은 무시하고 원형 케인 늘이기 방법으로 케인을 늘인다.

19 완성한 2색 그러데이션 삼각 케인 단면을 잘라 확인한다.

갈고리 케인

POLYMER CLAY

폴리머클레이 준비

연노란색, 연두색(각 1장)
반죽머신 두께 1
가로 80mm×세로 100mm

＊준비물
폴리머클레이(반투명 흰색, 연노란색, 연두색)
반죽머신, 칼

how to make!

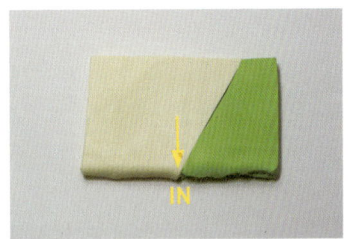

IN

1 두 점토를 대각선으로 잘라 가로 80mm×세로 100mm 직사각형으로 만들어 점토를 반으로 접고 화살표 방향으로 반죽머신에 넣어 두께 5까지 그러데이션한다.

2 그러데이션한 점토를 돌돌 말아 감는다.

3 양쪽 끝을 잡고 중앙으로 힘을 가해 60mm 길이로 줄인다.

4 원기둥을 가로 20mm×세로 20mm×높이 60mm 사각기둥으로 만든다.

5 사각기둥을 가로 방향으로 4등분한다.

6 반투명 흰색 점토를 두께 4, 가로 20mm×세로 60mm로 세 장 만들어 4등분한 점토 사이에 채워 넣는다.

7 화살표 방향으로 힘을 가해 두께를 1/2로 줄인다.

8 세로 길이가 15mm 되도록 2등분으로 자른다.

9 잘라낸 단면을 정면으로 놓고 양쪽 끝을 뾰족하게 만든다.

10 연노란색 쪽을 갈고리 모양으로 구부려 서로 걸어준다.

11 나머지 부분을 둥글게 감아 붙인다.

12 케인을 늘이고 완성한 갈고리 케인 단면을 확인한다.

13 반투명 흰색 점토를 사용하여 오븐에 굽기 전후 색 차이가 있다.

지금까지 만든 케인을 활용하여 세상에 둘도 없는
나만의 액세서리를 만든다. 소개하는 기법을 응용하
면 더욱 다양한 종류의 액세서리를 만들 수 있다.

케인으로 만든 액세서리

반지

POLYMER CLAY

*준비물
돼지 케인
순간접착제
반지대(스테인리스나 유리 등 열에 강한 것으로
사용한다.)

how to make!

1 돼지 케인을 3mm 두께로 자른다.

2 각진 돼지 케인 테두리를 곡선이 되도록 다듬는다.

3 닷팅툴으로 돼지 귀를 삼각형으로 눌러 입체감을 더한다.

4 돼지 케인 뒷면에 반지대를 살짝 붙이고 110도 오븐에 15분 동안 구워낸다

5 구워낸 케인과 반지를 식힌 후 분리하여 순간접착제로 붙인다.

6 돼지 케인으로 만든 복스럽고 귀여운 반지.

POLYMER CLAY

*준비물

해골 케인, 코스모스 케인
폴리머클레이, 우레탄 줄, 바늘

how to make!

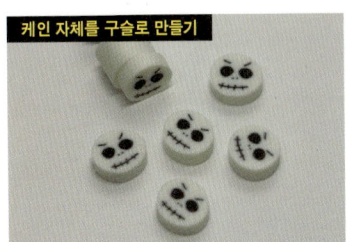

케인 자체를 구슬로 만들기

1 칼을 이용해 해골 케인을 5mm 두께로 자른다.

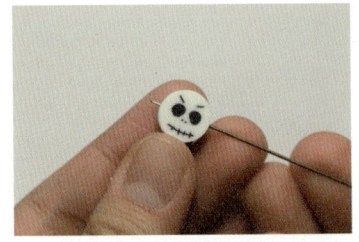

2 긴 바늘을 빙글빙글 돌려가며 케인 옆 부분에 구멍을 뚫는다.

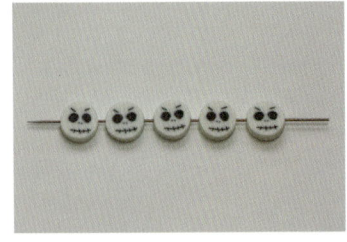

3 긴 바늘에 여러 개의 케인 조각을 같은 방법으로 뚫는다.

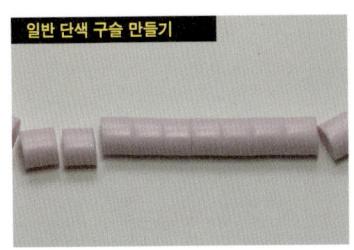

일반 단색 구슬 만들기

4 점토를 해골 케인과 같은 굵기로 반죽하여 일정한 간격으로 자른다.

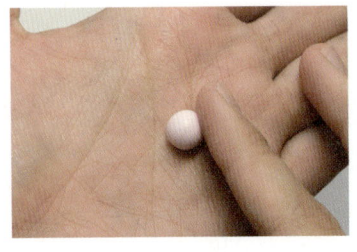

5 조각을 손바닥에 올려서 원형 구슬로 만든다.

6 구슬로 만든 점토를 긴 바늘로 뚫는다.

케인 문양이 들어간 구슬 만들기

7 코스모스 케인을 작고 얇게 자른다.

8 코스모스 케인 바탕색과 같은 색 점토로 구슬을 만든다.

9 구슬 위에 코스모스 케인을 붙인다.

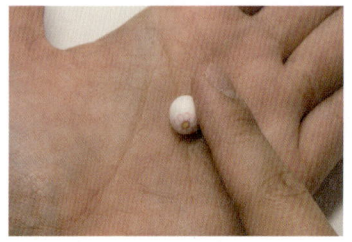

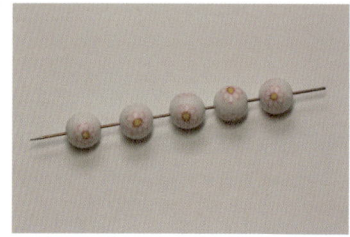

10 케인을 붙인 경계선이 사라질 때까지 손바닥 위에서 굴린다.

11 긴 바늘로 코스모스 케인 구슬을 뚫는다.

12 바늘에 끼운 상태로 110도 오븐에 20분간 굽는다.

✚ ──────────────

바늘에 끼우지 않은 상태로 굽게 되면 구슬이 굴러다니거나 서로 붙어 모양이 망가질 수 있으므로 바늘에 끼운 상태로 굽는 것이 좋다.

13 우레탄 줄 한쪽 끝을 매듭짓고 케인 구슬을 끼운다.

14 손목에 맞는 크기로 끼운 후 줄이 풀리지 않게 세 번 묶는다.

15 폴리머클레이 구슬로 다양한 팔찌를 만들 수 있다.

링 귀걸이

POLYMER CLAY

Clay Holic

* 준비물
  벚꽃 케인
  링 귀걸이, O링, O링 반지
  순간접착제, 평집게

how to make!

1 벚꽃 케인 한쪽 끝에 구멍을 뚫는다.

2 구멍을 뚫은 벚꽃 케인 두 개를 준비한다.

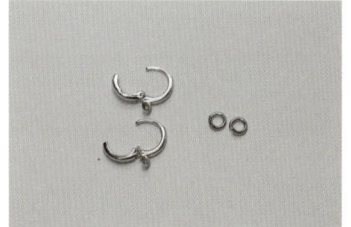

3 링 귀걸이와 O링을 준비한다.

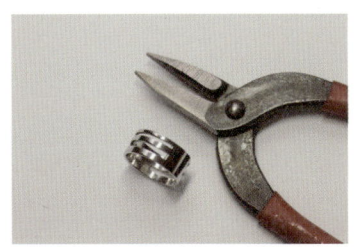

4 O링 반지와 평집게를 준비한다.

5 O링을 끝부분을 평집게로 잡고 O링 반지 틈에 끼운다.

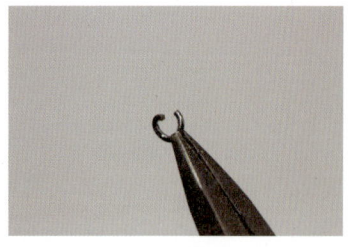

6 힘으로 비틀어 O링을 벌린다.

7 벚꽃 케인에 벌린 O링을 끼운다. 케인이 망가지지 않도록 조심히 작업한다.

8 링 귀걸이를 O링과 연결하고 O링 반지 틈에 O링을 넣어 힘으로 O링을 오므린다.

9 같은 방법으로 총 두 개의 귀걸이를 만든다.

10 반투명 점토를 사용한 벚꽃 케인에 빛이 통과하면 더 아름답다.

11 완성한 벚꽃 링 귀걸이를 포장 용지에 끼운다.

부착형 귀걸이

POLYMER CLAY

*준비물

물망초 케인
순간접착제
귀걸이 침(스테인리스, 금, 은 등 열에 강한
것으로, 사용한다.)

how to make!

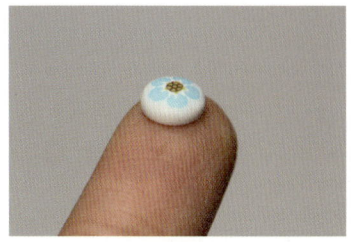

1 물망초 케인을 두께 3mm로 두
개 잘라 돔 형태로 다듬는다.

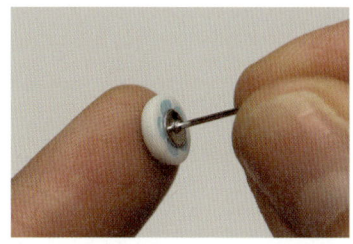

2 케인의 평평한 면에 귀걸이 침
을 살짝 붙인다.

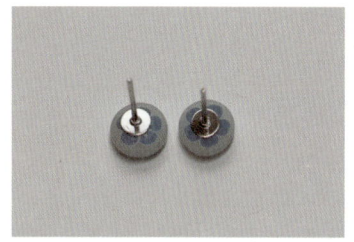

3 귀걸이 침을 붙인 상태로 110도
오븐에 15분간 굽는다.

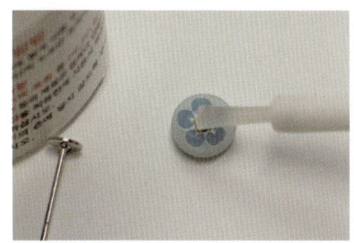

4 구워낸 귀걸이를 식힌 후 케인과 귀걸이 침을 분리하고 순간접착제를 발
라 붙인다.

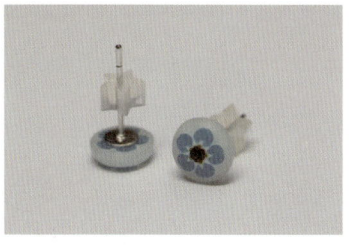

5 물망초 케인으로 완성한 부착
형 귀걸이

방울 머리끈

POLYMER CLAY

*준비물
무지개 케인
폴리머클레이(회색)
칼, 빨대(소), 고무줄, 마감 캡, 라이터

how to make!

1 회색 점토를 원기둥으로 반죽하고 2등분한다.

2 2등분한 점토를 손바닥으로 굴려 구슬로 만든다.

3 무지개 케인을 얇게 자른다.

4 회색 구슬 점토 표면 전체에 무지개 케인을 붙인다.

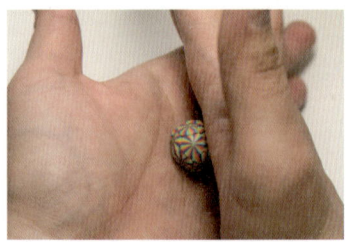

5 손바닥으로 굴려 붙인 케인의 경계선을 없앤다.

6 빨대(소)로 구슬 1/3지점에 구멍을 뚫는다.

7 구슬을 하나 더 만들어 110도 오븐에 30분간 굽는다.

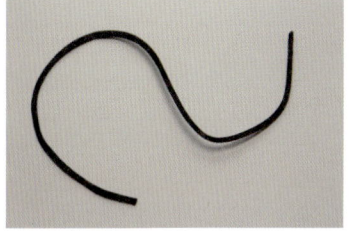

8 고무줄을 30cm 길이로 자른다.

9 고무줄을 묶고 나서 이음새를 가려주기 위한 캡을 준비한다.

10 고무줄에 구슬과 캡을 끼운다.

11 고무줄을 세게 잡아당겨 묶는다.

12 남는 부분은 잘라내고 라이터를 사용하여 풀리지 않게 마감한다.

13 고무줄을 잡아당겨 이음새를 캡 사이에 넣는다.

14 무지개 케인을 이용한 방울 머리끈 완성!

펜던트 머리끈

POLYMER CLAY

※준비물

코스모스 케인
폴리머클레이(반투명 흰색)
고무롤러, 아크릴 막대,
펜던트 머리끈, 에폭시 접착제

how to make!

1 사용할 케인의 배경색과 같은 색의 점토를 펜던트 안에 채운다.

2 코스모스 케인을 얇게 자른다.

3 펜던트 점토 위에 코스모스 케인을 붙인다.

4 케인의 경계선이 없어지도록 손가락으로 점토 면을 다듬는다.

5 펜던트 밖으로 튀어나온 케인은 아크릴 밀대로 눌러 떼어낸다.

6 케인 면을 고무롤러로 문질러 면을 곱게 마감한다.

고무줄도 함께 오븐에 들어가기 때문에 타는 것을 방지하기 위해 5분씩 끊어 굽는다. 고무줄의 상태나 제작업체에 따라 녹을 수도 있으니 주의한다.

7 110도 오븐에 5분씩 네 번 나누어 20분간 굽는다.

8 오븐에 구워낸 머리끈 바탕색은 반투명 점토라 구운 후 색 차이가 있다.

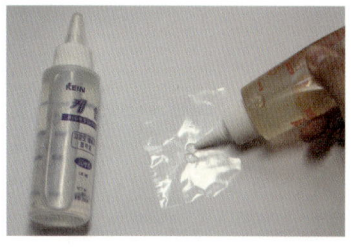

9 구워낸 머리끈과 점토를 분리한다.

10 에폭시 접착제의 주제와 경화제를 1:1비율로 섞는다.

11 펜던트에 에폭시 접착제를 바른다. 순간접착제를 사용해도 된다.

12 펜던트에 점토를 붙이면 펜던트 머리끈이 완성된다. 에폭시 접착제는 30분 이상 말린 후 사용해야 한다.

집게핀 2종

POLYMER CLAY

*준비물

퀼트 케인, 조각 케인
폴리머클레이(흰색)
칼, 고무롤러, 집게핀

how to make!

1 집게핀 폭 크기로 퀼트 케인을 늘이고 얇게 자른다.

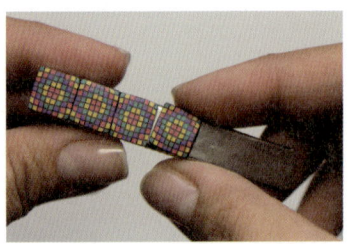

2 자른 퀼트 케인을 집게핀에 나란히 붙인다.

3 흰색 점토를 반죽머신 두께 7로 반죽한다. 사용하는 케인이 불투명 케인일 경우 과정은 생략한다.

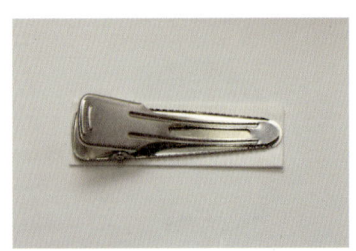

4 반죽한 흰색 점토를 집게핀에 붙인다.

5 집게핀의 크기에 맞게 남는 부분은 칼로 잘라낸다.

6 집게핀에 붙인 점토를 정리한 모습

7 조각 케인을 얇게 자른다.

8 조각 케인을 집게핀 흰색 점토 위에 붙인다.

9 집게핀 면에 붙인 조각 케인을 고무롤러로 밀어 케인의 경계가 없어지도록 정리한다.

10 튀어나온 케인은 칼로 잘라 정리한다.

11 집게핀에 붙인 조각 케인을 정리한 모습

12 두 집게핀을 110도 오븐에 15분간 구워낸다. 규칙적인 모양과 불규칙한 모양의 케인으로 완성한 집게핀 2종이 완성되었다.

부토니에

POLYMER CLAY

*준비물
하운드투스 케인
폴리머클레이(회색)
칼, 부토니에 핀, 순간접착제

how to make!

1 회색 점토를 반죽하여 밑면은 평평하게 윗면은 둥근 원형으로 만든다.

2 하운드투스 케인을 칼을 이용해 얇게 자른다.

3 둥근면에 하운드투스 케인을 붙이고 둥근 모양으로 다듬는다.

4 점토를 부토니에 핀에 붙이고 110도 오븐에 20분간 구워낸다.

5 구운 케인과 부토니에를 식힌 후 분리하여 순간접착제로 붙인다.

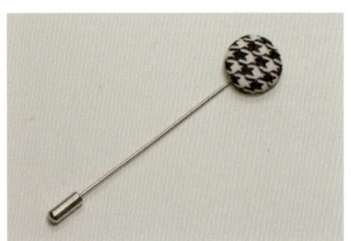

6 의상에 포인트가 되는 부토니에 완성!

브로치(꼬임 기법)

POLYMER CLAY

＊준비물

폴리머클레이(흰색, 연보라색, 보라색,
반투명 보라색, 연두색, 초록색)
고무롤러, 디자인커터, 리퀴드,
사각판 브로치 판대

how to make!

1 포도송이 브로치를 스케치한다.

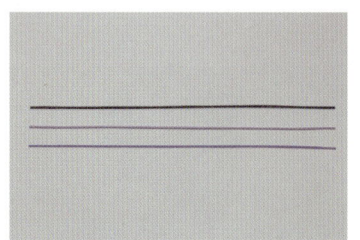

2 보라색, 연보라색, 반투명 보라색 점토를 가늘고 길게 만든다.

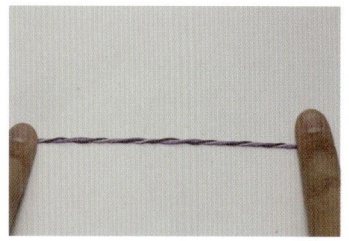

3 세 가닥을 나란히 붙이고 양쪽 끝을 잡고 꼬아준다.

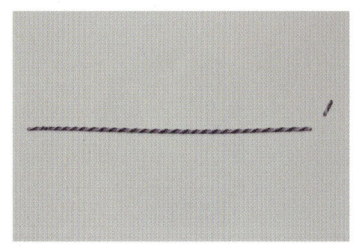

4 촘촘하게 꼬아지면 끝부분을 잘라낸다.

5 점토를 돌돌 말아 포도알을 만든다.

6 스케치한 포도송이를 비교하며 다양한 크기와 문양의 포도알을 만든다.

7 초록색과 연두색 점토를 다른 방향으로 꼬아 두 가닥으로 만든다.

8 두 가닥을 붙여 포도 가지를 만들고 110도 오븐에 5분간 굽는다.

9 흰색 점토를 두께 2로 반죽하고 구운 포도송이를 올려 고무롤러로 민다.

10 구운 포도송이 자국을 따라 포도송이 모양을 자른다.

11 잘라낸 흰색 점토 위에 리퀴드를 바른다.

12 흰색 점토를 포도송이에 붙이고 가장자리를 다듬어가며 붙인다.

13 디자인커터로 겹치지 않는 흰색 점토 부분은 도려낸다.

14 다시 110도 오븐에 15분간 구워낸다.

15 흰색 점토 중심부에 순간접착제를 바른다.

16 사각판 브로치 핀대를 흰색 점토 중심부에 붙인다.

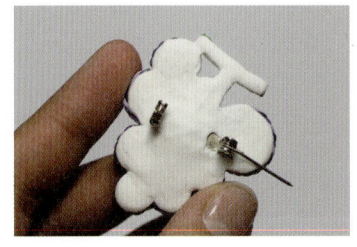

17 사각판 브로치 핀대에 흰색 점토를 덧붙인다.

18 다시 110도 오븐에 15분간 구워내면 꼬임 기법을 활용한 브로치가 완성된다.

케인활용 브로치

POLYMER CLAY

*준비물
갈고리 케인
잠자리 브로치

how to make!

1 잠자리 브로치를 준비한다.

2 갈고리 케인을 얇게 자른다.

3 갈고리 케인을 손가락 끝으로 잡고 모양을 만들어 간다.

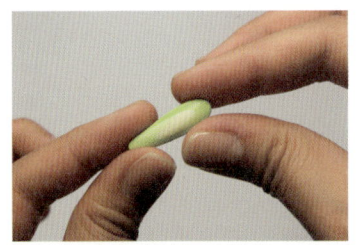

4 브로치 모양에 맞게 기다란 물 방울 모양으로 만든다.

5 잠자리 브로치 크기에 맞게 채 워 넣는다.

6 110도 오븐에 15분간 구워내 면 케인을 붙여 만든 브로치가 완 성된다.

펜던트

POLYMER CLAY

＊준비물

이지메탈 반죽
폴리머클레이(흰색, 검은색)
칼, 고무롤러, 펜던트, 체인,
유광바니시, 리퀴드, 이쑤시개

how to make!

1 이지메탈 반죽을 칼로 포를 뜨
듯 자른다.

2 흰색 점토를 펜던트 면에 채워
붙인다.

3 이지메탈 반죽 조각을 펜던트
면에 붙인다.

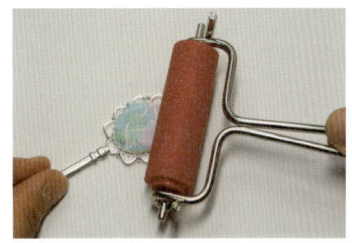

4 고무롤러를 사용하여 점토 조
각 경계가 보이지 않도록 민다.

5 고무롤러에 밀려 나간 부분은
칼을 사용하여 정리한다.

6 110도 오븐에 20분간 구워낸다.

7 유광바니시를 발라 반짝이는 효과를 낸다.

8 유광 바니시를 바른 모습

9 이지메탈을 사용하여 만든 펜던트.

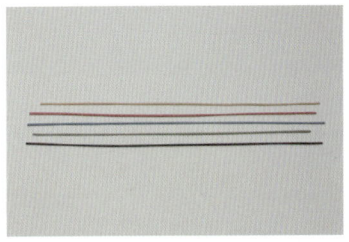

10 여러 색의 점토를 가늘고 길게 밀어 110도 오븐에 5분간 굽는다.

11 칼을 사용하여 3~4mm 길이로 자른다.

12 검은색 점토를 펜던트 면에 채운다.

13 펜던트 면에 표현하고 싶은 문양을 스케치한다.

14 펜던트 면에 리퀴드를 바른다.

15 이쑤시개를 사용하여 스케치를 따라 구운 점토 조각을 붙인다.

16 조각을 붙여 문양을 완성하고 110도 오븐에 20분간 굽는다.

17 모자이크 기법을 사용하여 펜던트를 완성!

케인을 활용하면 일상생활에서 사용하는 용품을 더
예쁘고 개성 있게 디자인할 수 있다. 아기자기한 소
품을 만들 때도 케인을 이용하면 나만의 특별한 소
품을 쉽게 만들 수 있다.

케인으로 만든
생활용품&소품

이어캡 | 북마크 | 메모꽂이

차량용 디퓨저 | 단추 | 포크&티스푼

수저받침 | 티 코스터 | 접시

손거울 | 열쇠고리 | 휴대폰 케이스

캔들 | 볼펜 | 도장

이어캡

POLYMER CLAY

*준비물
복 케인, 폴리머클레이(야광, 노란색)
칼, 바늘(소), 송곳, 닷팅툴, 빨대(소)
이어캡, 이쑤시개, 에폭시 접착제

how to make!

1 야광 점토를 동그랗게 만든다.

2 복 케인을 얇게 자른다.

3 복 케인을 야광 점토에 붙인다.

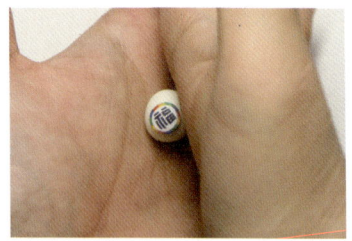

4 손바닥으로 굴려 케인 경계선을 없앤다.

5 살짝 눌러 납작한 구슬로 만든다.

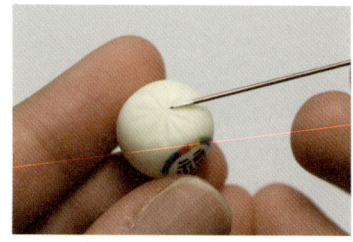

6 납작한 윗부분에 바늘로 주름을 표현한다.

7 야광 점토로 작은 원뿔을 만든다.

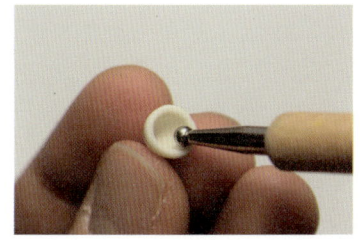

8 닷팅툴로 원뿔 밑면을 움푹 들어가게 만든다.

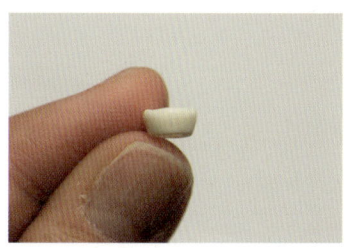

9 원뿔 꼭짓점 부분을 칼로 자른다.

10 주름을 표현한 구슬 윗면에 원뿔을 붙인다.

11 송곳으로 복주머니 입구를 접힌 모습으로 표현한다.

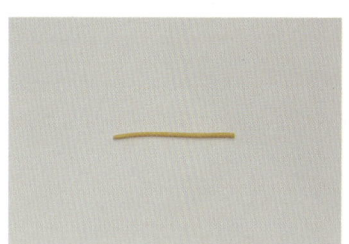

12 노란색 점토를 가늘고 길게 만든다.

13 복주머니 몸통과 입구 이음새에 노란색 점토를 감아 끈을 표현한다.

14 끈을 표현한 노란색 점토 양쪽 끝에 칼로 주름을 표현해 섬세함을 더한다.

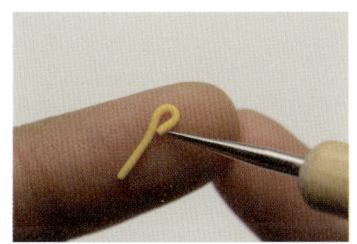

15 가느다란 노란색 점토를 8자 모양으로 만든다.

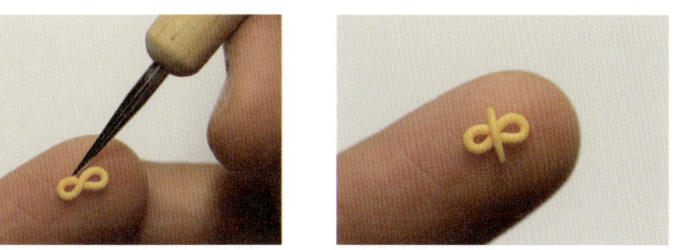

16 노란색 점토를 더 가늘게 밀어 8자 모양 중앙에 얹는다.

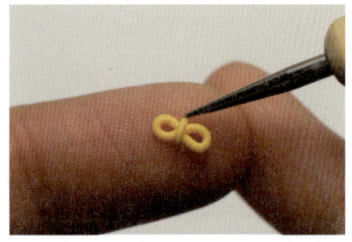

17 송곳으로 다듬어 리본을 만든다.

18 리본을 복주머니 노란색 끈 위에 붙인다.

19 복주머니 밑면에 빨대로 이어캡이 들어갈 구멍을 만든다.

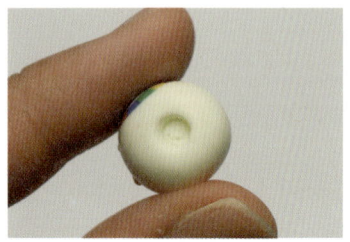

20 복주머니를 110도 오븐에 20분간 구워낸다.

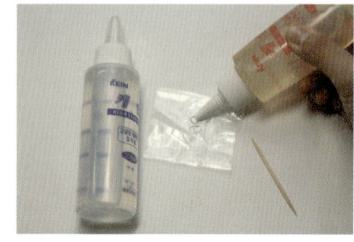

21 에폭시 접착제의 주제와 경화제를 1:1비율로 이쑤시개를 사용하여 섞는다.

22 이어캡이 들어갈 부분에 에폭시 접착제를 바른다.

23 복주머니에 이어캡을 꽂아 굳힌다.

24 복 케인으로 복주머니를 만들어 이어캡을 완성하였다.

북마크

POLYMER CLAY

*준비물
호랑이 케인
칼, 클립

how to make!

1 호랑이 케인을 5mm 두께로 자른다.

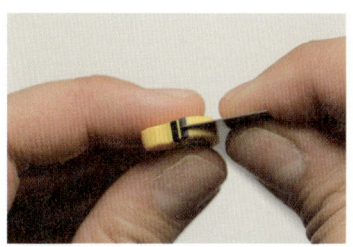

2 호랑이 케인 아랫면을 칼로 절반 깊이만큼 자른다.

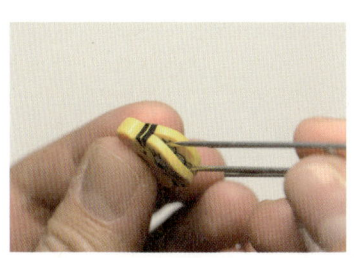

3 케인 틈에 클립을 꽂고 손가락으로 눌러 마무리한다.

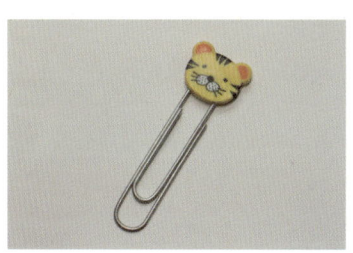

4 110도 오븐에 15분간 구우면 완성된다.

5 완성한 북마크는 책이나 다이어리에 꽂아 사용한다.

메모꽂이

POLYMER CLAY

※준비물

물망초 케인
폴리머클레이(반투명 흰색, 반투명 하늘색)
고무롤러, 메모꽂이

how to make!

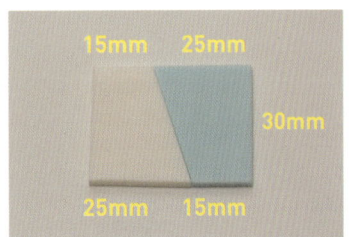

1 두 점토를 두께 1로 반죽하여 가로 40mm×세로 30mm 직사각형을 만든다.

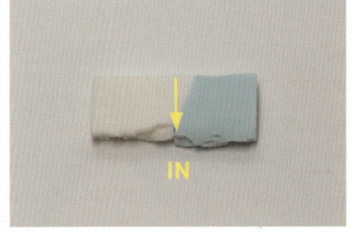

2 반으로 접고 화살표 방향으로 반죽머신에 넣어 두께 6까지 그러데이션한다.

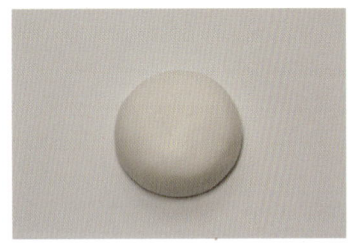

3 반투명 흰색 점토로 지름 40mm×높이 15mm 돔을 만든다.

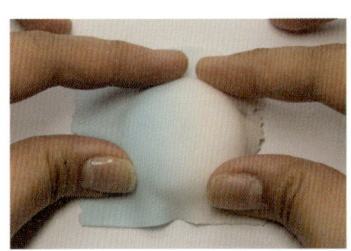

4 돔 위에 그러데이션 반죽 점토를 덮는다.

5 주름이 생기지 않도록 점토를 잘 감싼다.

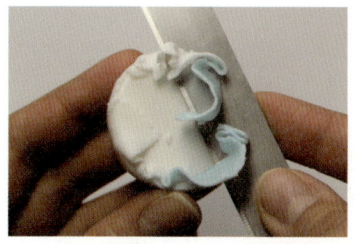

6 감싸고 남은 밑면의 가장자리 부분은 칼로 잘라낸다.

7 고르지 못한 부분은 고무롤러를 사용하려 다듬는다.

8 뒷면을 다듬으면서 앞면의 모양이 망가지지 않았는지 확인한다.

9 물망초 케인을 얇게 자른다.

10 반투명 흰색 점토 부분에 물망초 케인을 붙인다.

11 고무롤러를 사용하여 케인의 경계가 보이지 않도록 민다.

12 적당한 위치에 메모꽂이를 꽂는다.

13 점토를 110도 오븐에 25분간 구워낸다. 메모꽂이가 높아 오븐에 들어가지 않으면 메모꽂이를 빼고 구운 후 다시 꽂는다.

14 메모지나 명함을 꽂아 사용하기 좋은 메모꽂이 완성!

차량용 디퓨저

POLYMER CLAY

*준비물
빨강 그러데이션 꽃 케인
폴리머클레이(반투명 흰색)
칼, 고무롤러, 디퓨저 용기

how to make!

1 반투명 흰색 점토를 두께 5로 반죽하여 디퓨저 용기에 둘러 붙인다.

2 빨강 그러데이션 꽃 케인을 얇게 자른다.

3 디퓨저 용기에 케인을 붙이고 고무롤러로 케인의 경계를 없앤다.

4 고무롤러로 밀어 늘어난 부분은 칼로 정리한다.

5 디퓨저 용기를 110도 오븐에 20분간 구워낸다.

6 구워낸 후 마개와 나무 뚜껑을 닫으면 차량용 디퓨저가 완성된다.

POLYMER CLAY

✻준비물
폴리머클레이(펄 분홍색, 펄 흰색,
베이지색, 황토색, 밝은 갈색)
칼, 바늘(소, 대), 실, 이쑤시개
테이프, 스텐실 붓

<u>how to make!</u>

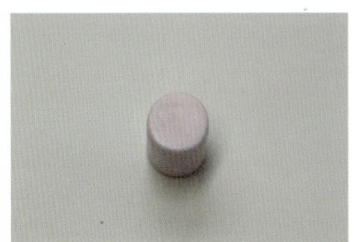

1 펄 분홍색 점토로 지름 15mm×
높이 20mm 원기둥을 만든다.

2 펄 흰색 점토를 반죽머신 두께
7, 높이 20mm로 반죽한다.

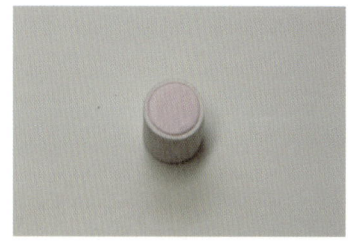

3 원기둥에 펄 흰색 점토를 한 겹
감는다.

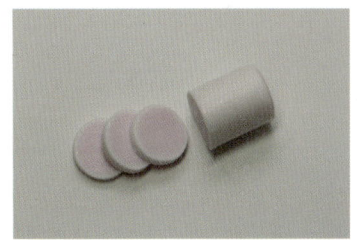

4 점토를 지름 15mm로 늘이고
2mm 두께로 자른다.

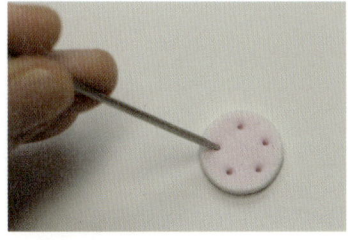

5 바늘(대)로 일정한 간격으로 다
섯 개의 구멍을 뚫는다.

6 오븐에 굽고 바늘(소)과 실로 별
모양을 만들며 라벨에 단다.

7 다양한 색의 점토와 실로 별 단추를 만들어 본다.

8 베이지색 점토로 지름 43mm× 높이 15mm 원기둥을 만든다.

9 황토색과 밝은 갈색 점토를 두께 5로 반죽해 가로 5mm×세로 15mm로 각각 10개씩 만든다.

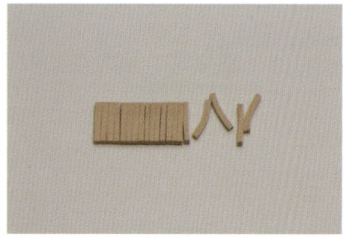

10 베이지색 점토를 두께 5로 반죽해 가로 2mm×세로 15mm로 20개 만든다.

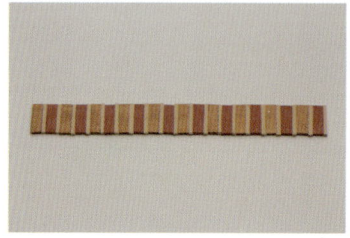

11 황토색, 베이지색, 밝은 갈색, 베이지색 순으로 붙인다.

12 배열한 점토를 원기둥 테두리에 감는다.

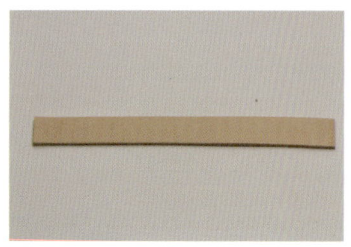

13 베이지색 점토를 두께 1, 높이 15mm로 반죽한다.

14 반죽한 베이지색을 테두리에 감는다.

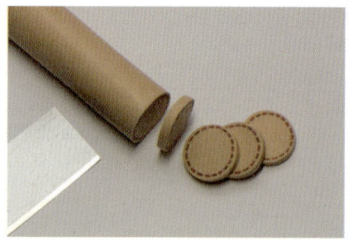

15 원하는 크기만큼 늘이고 케인을 2mm 두께로 자른다.

16 스텐실 붓으로 케인의 표면을 두드려 거칠게 표현한다.

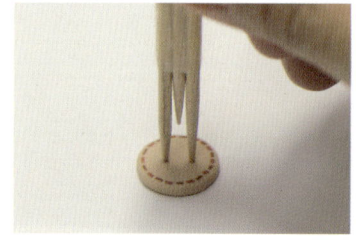

17 가운데 이쑤시개만 뒤로 빼 테이프로 묶어 단추 구멍을 뚫는다.

18 단추를 오븐에 구워내면 심플한 디자인의 단추가 완성된다. 모든 케인을 응용하여 단추로 활용할 수 있다.

포크 & 티스푼

POLYMER CLAY

※준비물
단풍잎 케인, 은행잎 케인
폴리머클레이(반투명 흰색)
포크, 티스푼, 칼, 고무롤러

how to make!

1 포크와 티스푼 세트를 준비한다.

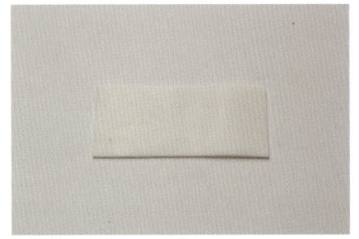

2 반투명 흰색 점토를 반죽머신 두께 5로 반죽한다.

3 포크 손잡이 부분에 반투명 흰색 점토를 감아 붙인다.

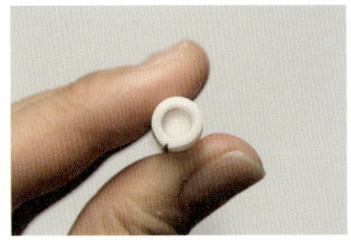

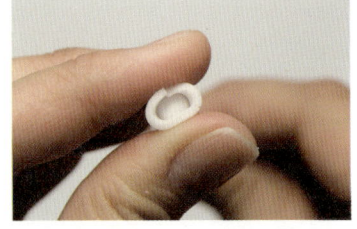

4 포크 손잡이 끝부분은 손가락으로 눌러 둥근 모양을 잡아가며 다듬는다.

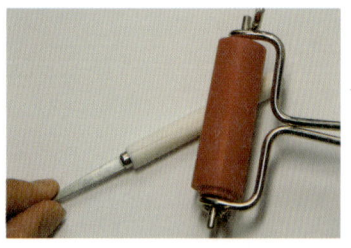
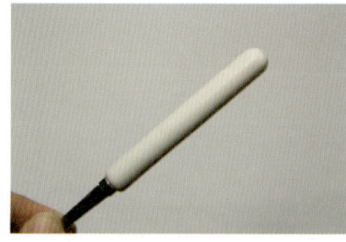
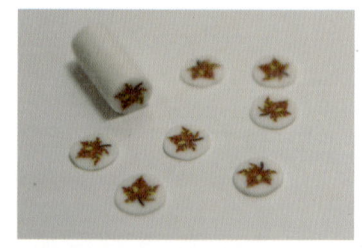

5 점토를 감은 후 경계선은 고무롤러를 사용하여 없앤다.

6 단풍잎 케인을 얇게 자른다.

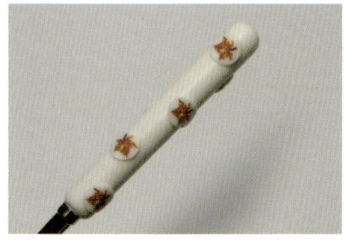

7 손잡이에 단풍잎 케인을 붙인다.

8 고무롤러를 사용하여 붙인 단풍잎 케인 경계선이 없어지도록 민다.

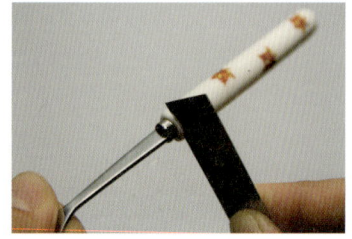
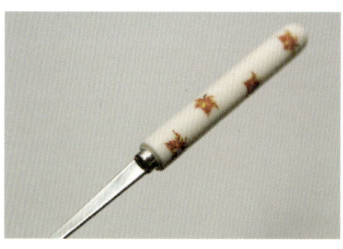

9 고무롤러로 밀면서 늘어난 부분은 칼을 사용하여 다듬는다.

10 칼로 잘라낸 끝부분은 손으로 다듬는다.

11 같은 방법으로 은행잎 케인을 사용하여 티스푼을 만든다.

12 포크와 티스푼을 110도 오븐에 20분간 구우면 완성된다.

수저 받침

POLYMER CLAY

*준비물
가지꽃 케인
폴리머클레이(반투명 흰색)
칼, 고무롤러, 사포

how to make!

1 반투명 흰색 점토로 긴 블록 모양을 만든다.

2 블록 모양 점토에 가지꽃 케인을 얇게 잘라 붙인다.

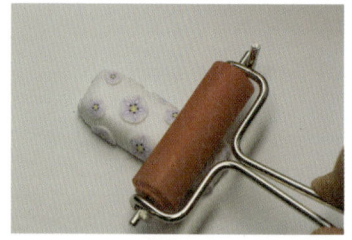

3 고무롤러를 사용하여 케인의 경계를 없앤다.

4 블록 중앙이 살짝 들어간 모양으로 만들고 110도 오븐에 30분간 구워낸다.

5 고르지 못한 수저받침 표면은 사포로 다듬는다.

6 가지꽃 케인을 활용한 수저받침 완성!

티 코스터

POLYMER CLAY

*준비물

폴리머클레이(흰색, 빨간색, 주황색,
노란색, 초록색, 파란색, 남색, 보라색)
칼, 고무롤러, 원형 틀, 사포

how to make!

1 일곱 가지 색 점토를 두께 1, 가
로 10mm×세로 100mm 만들어 순
서대로 붙인다.

2 점토를 반으로 접어 화살표 방향으로 반죽머신에 넣어 두께 6까지 그러
데이션한다.

3 고르지 못한 양쪽 끝은 잘라내
고 5mm 두께로 자른다.

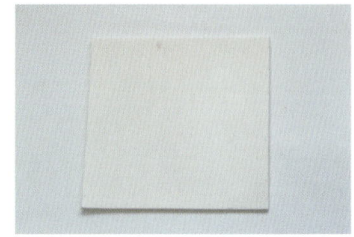

4 흰색 점토로 두께 3, 가로 100
mm×세로 100mm 사각형을 만든다.

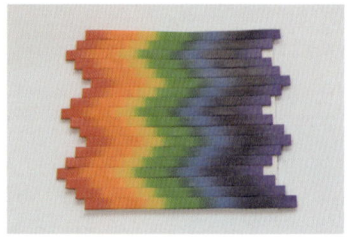

5 반죽한 흰색 점토 위에 잘라낸
조각을 지그재그로 얹는다.

6 고무롤러를 사용하여 붙인 경계선이 없어지도록 민다.

7 원형 틀을 사용하여 점토를 찍어내고, 110도 오븐에 15분간 구워낸다.

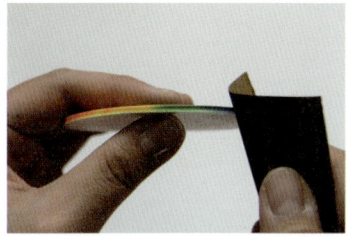

8 고르지 못한 가장자리는 사포로 다듬는다.

9 무지개 모양의 티 코스터 완성

접시

POLYMER CLAY

＊준비물
폴리머클레이(흰색)
칼, 매트, 고무롤러, 원형 틀, 접시, 사포

how to make!

1 흰색 점토를 반죽머신 두께 5로 반죽하여 사각형을 만든다.

2 문양 매트를 점토 위에 얹고 문양이 점토에 찍히도록 고무롤러를 민다.

3 매트를 점토에서 떼어내고 문양이 잘 찍혔는지 확인한다.

4 문양이 원형 틀 가장자리에 위치하도록 놓는다.

5 원형 틀로 점토를 찍어낸다.

6 접시에 점토를 올려 접시 모양으로 만들고 110도 오븐에 10분간 구워낸다.

7 오븐에 구워낸 후 접시와 점토를 분리한다.

8 고르지 못한 접시의 가장자리는 사포로 다듬는다.

9 순백색의 깨끗한 접시가 완성되었다.

손거울

POLYMER CLAY

*준비물
 벚꽃 케인
 폴리머클레이(펄 하늘색)
 큐빅, 순간접착제, 핀셋, 칼
 콤팩트 손거울

how to make!

1 콤팩트 손거울을 준비한다.

2 펄 하늘색 점토를 반죽머신 두께 6으로 반죽한다.

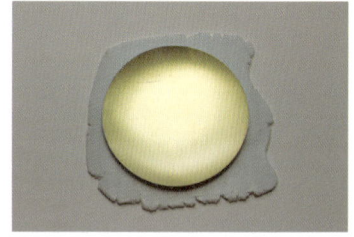

3 손거울 캡에 반죽한 펄 하늘색 점토를 붙인다.

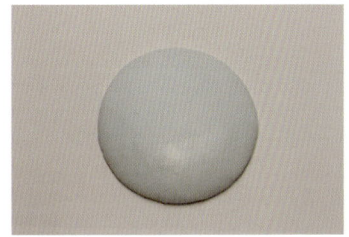

4 칼을 사용하여 가장자리 점토를 정리한다.

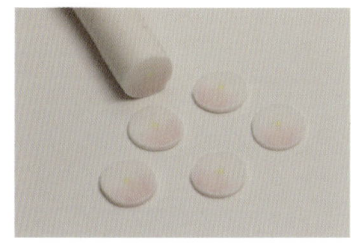

5 벚꽃 케인을 얇게 자른다.

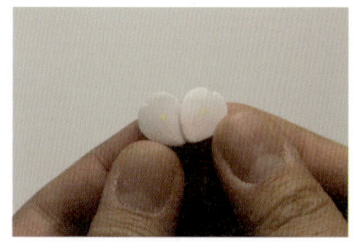

6 꽃잎 모양으로 만들어 서로 살짝 겹치도록 붙인다.

7 다섯 장의 꽃잎을 붙여 벚꽃을 만든다.

8 꽃 중앙에 큐빅을 올려붙인다.

9 캡 위에 여러 개의 벚꽃을 올리고 110도 오븐에 20분간 구워낸다.

10 구워낸 후 큐빅을 떼어내고 그 자리에 순간접착제를 살짝 바른 후 핀셋을 사용하여 큐빅을 다시 붙인다.

11 콤팩트 손거울 캡을 붙일 자리에 순간접착제를 바른다.

12 캡을 얹어 붙이면 봄날처럼 화사한 휴대용 손거울이 완성된다.

열쇠고리

POLYMER CLAY

＊준비물

폴리머클레이(흰색, 노란색, 분홍색,
하늘색, 보라색, 주황색, 파란색)
칼, 바늘, 체인, O링, O링 반지
9핀 나사, T핀, 열쇠고리, 니퍼
9핀말이 집게, 평집게

how to make!

1 분홍색 점토로 구슬을 두 개 만
든다.

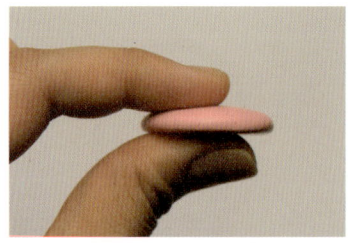

2 점토를 눌러 밑면은 평평하게, 윗면은 낮은 곡선의 돔 형태로 만든다.

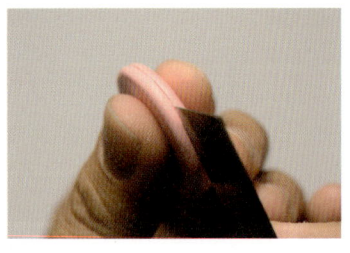

3 칼을 사용하여 옆면 가운데에 선을 한 바퀴 그린다.

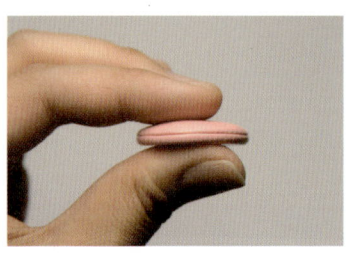

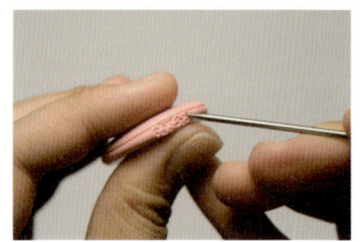

4 바늘로 선 아래 바닥 쪽을 거친
면으로 만든다.

5 선아래 한 바퀴 전체를 거친 면 으로 만든다.

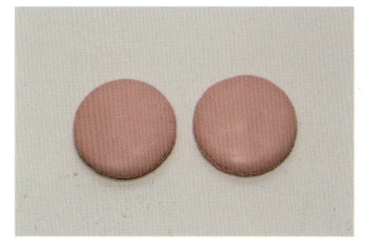

6 같은 방법으로 나머지 분홍색 점토도 하나 더 만든다.

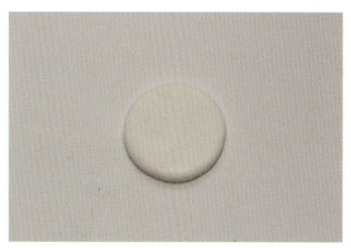

7 흰색 점토는 분홍색 점토와 같 은 크기로, 두께는 얇게 만든다.

8 분홍색 점토 사이에 흰색 점토 를 넣어 붙이면 마카롱이 된다.

9 같은 방법으로 다양한 마카롱 을 여러 개 만든다.

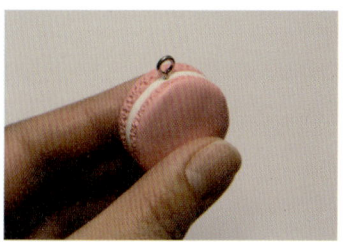

10 마카롱 크림 옆 부분에 9핀 나 사를 끼운다.

11 마카롱에 큐빅을 붙여 장식 한다.

12 마카롱을 110도 오븐에 20분 간 구워낸다.

13 작은 크기의 큐브를 세 개 만 든다.

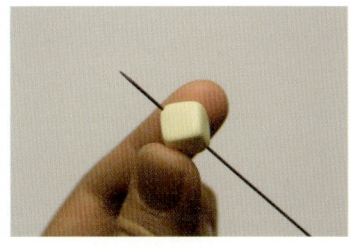

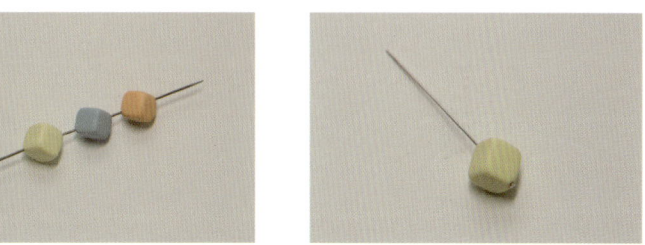

14 바늘이 큐브 모서리를 통과하게 끼워 110도 오븐에 15분간 구워낸다.

15 바늘을 빼고 그 자리에 T핀을 꽂는다.

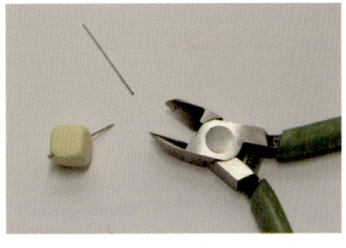

16 니퍼를 사용하여 T핀을 짧게 자른다.

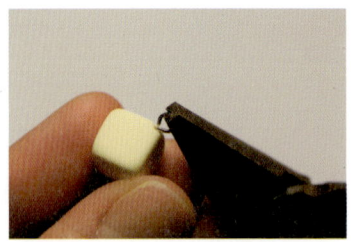

17 9핀말이 집게로 T핀을 9자 모양으로 만든다.

18 마카롱과 큐브 장식을 완성하였다.

19 체인 끝을 O링 반지에 끼우고 평집게를 사용하여 체인을 벌린다.

20 벌린 체인에 마카롱을 끼워 넣고 다시 오므린다.

21 같은 방법으로 체인 한쪽에는 마카롱을 다른 한쪽에는 큐브를 연결한다.

22 O링을 벌려 체인 중간부분에 건다.

23 열쇠고리에 있는 O링에 마카롱과 큐브 장식을 끼워 O링을 오므리면 열쇠고리가 완성된다.

핸드폰케이스

POLYMER CLAY

＊준비물

해바라기 케인, 그러데이션 나뭇잎 케인
폴리머클레이(반투명 흰색, 초록색)
고무롤러, 종이, 반죽머신, 투명 휴대폰 케이스
모조진주 스티커, 순간접착제

how to make!

1 휴대폰 투명 케이스와 케이스
모양을 본뜬 종이를 준비한다.

2 반투명 흰색 점토를 두께 5로
반죽하여 본뜬 종이와 같은 크기로
자른다.

3 해바라기 케인과 그러데이션
나뭇잎 케인을 얇게 자른다.

4 해바라기 줄기가 들어갈 배경
부분을 자른다.

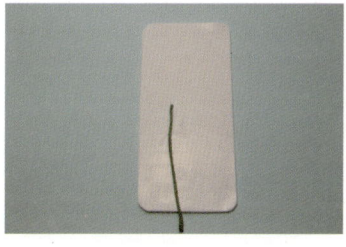

5 초록색 점토로 해바라기 줄기를 만들어 반투명 흰색 점토 위에 붙이고 고
무롤러로 밀착시킨다.

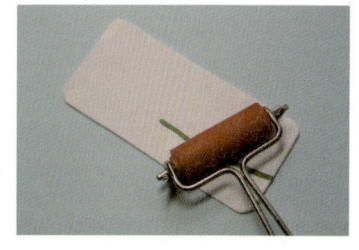

6 초록색 줄기 끝에 해바라기 케인을 붙이고 고무롤러를 사용하여 밀착시킨다.

7 초록색 점토로 잔 줄기를 만들어 붙인다.

8 잔 줄기에 그러데이션 나뭇잎 케인을 붙인다.

9 휴대폰 카메라 부분을 자른다.

10 110도 오븐에 15분간 굽는다.

11 모조 진주 스티커를 테두리에 붙인다.

12 점토 뒷면에 순간접착제를 바르고 휴대폰 케이스에 붙이면 휴대폰 케이스가 완성된다.

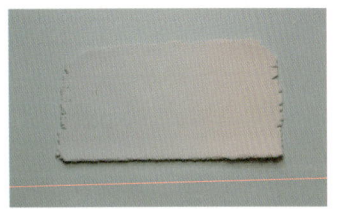 

바탕을 그러데이션 하여 붙이면 또 다른 느낌의 케이스를 만들 수 있다.

캔들

POLYMER CLAY

준비물
폴리머클레이(반투명 흰색, 흰색)
반죽머신, 플라스틱 패턴,
아크릴 밀대, 이지메탈(은박)
펄 파우더(은색), 붓, 별 틀,
캔들 유리 용기, 향초, 유광 바니시

how to make!

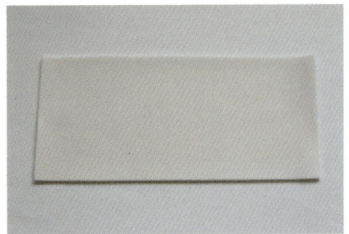

1 반투명 흰색 점토를 두께 4로 반죽해 캔들 용기 크기로 만든다.

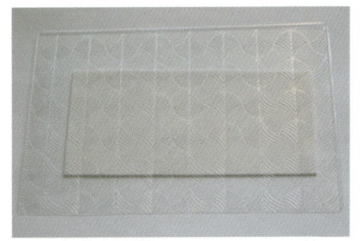

2 플라스틱 패턴을 점토 위에 얹고 패턴이 점토 표면에 찍히도록 아크릴 밀대로 밀며 누른다.

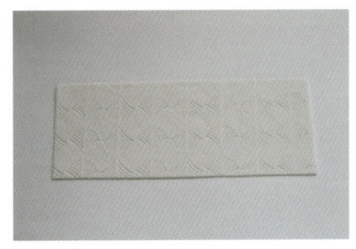

3 플라스틱 패턴을 떼어낸다.

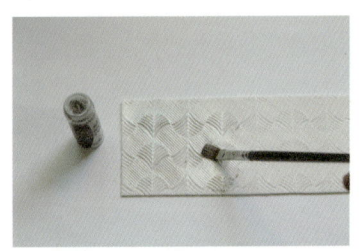

4 패턴 문양 면에 은색 펄 파우더를 뭉치지 않도록 고루고루 바른다.

5 캔들 용기에 패턴 문양 점토를 감아 붙인다.

6 남은 테두리 부분의 점토는 칼로 깔끔하게 자른다.

7 흰색 점토를 두께 6으로 반죽한다.

8 반죽한 흰색 점토 위에 이지메탈(은박)을 붙인다.

9 별 틀로 여러 개의 별을 찍어낸다.

10 캔들 용기에 별을 붙인다.

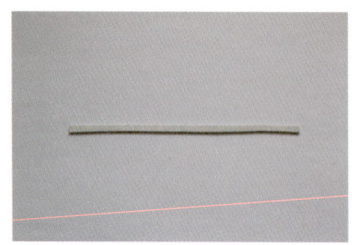

11 별을 찍고 남은 이지메탈 점토를 두께 5, 높이 5mm로 길게 만든다.

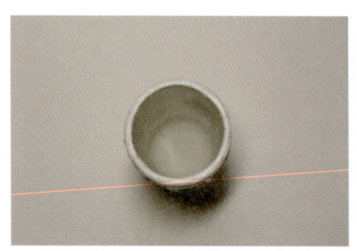

12 캔들 용기 입구에 길게 만든 이지메탈 점토를 붙인다.

13 캔들 용기를 110도 오븐에 20분간 굽는다.

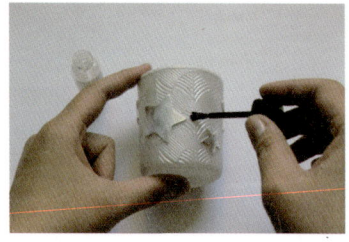

14 캔들 용기 표면에 유광 바니시를 바른다.

15 향초를 넣고 불을 밝히면 은은한 빛의 캔들을 볼 수 있다.

볼펜

POLYMER CLAY

*준비물

폴리머클레이(반투명 빨간색,
반투명 주황색, 반투명 노란색,
반투명 초록색, 반투명 파란색,
반투명 보라색, 흰색, 베이지색)
반죽머신, 볼펜심, 포장비닐, 리본

how to make!

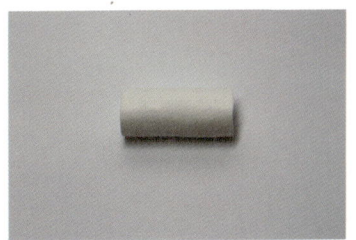

1 흰색 점토로 지름 15mm×높이 40mm 원기둥을 만든다.

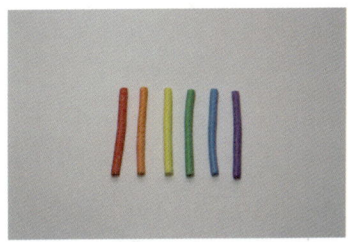

2 반투명 점토 여섯 가지 색을 지름 3mm×높이 40mm로 만든다.

3 원기둥 테두리에 반투명 점토를 일정한 간격으로 붙인다.

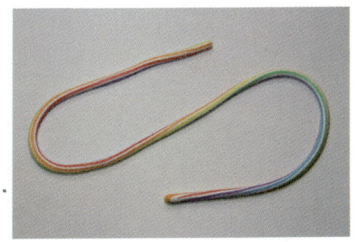

4 점토를 가늘고 길게 늘인다.

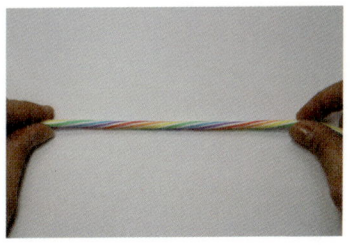

5 길게 늘인 점토 양쪽 끝을 잡고 한쪽 방향으로 비틀어 꼬아준다.

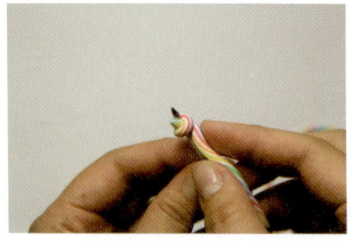
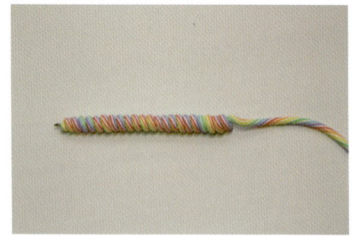

6 끝부분은 칼로 잘라내고 손가락으로 다듬어 뾰족하게 만든다.

7 볼펜심 앞쪽부터 돌돌 말아가며 볼펜심 전체를 감싼다.

8 끝부분은 손가락으로 뾰족하게 다듬는다.

9 110도 오븐에 15분간 구우면 꼬임형 볼펜이 완성된다.

10 점토를 반죽하여 한쪽 방향으로 꼬아준다.

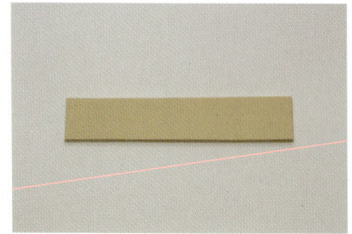
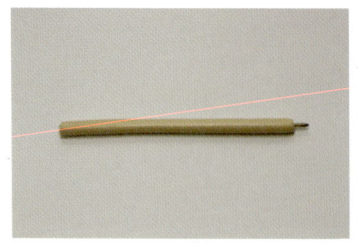

11 롤리팝 사탕 모양으로 돌돌 만다.

12 베이지색 점토를 두께 4로 반죽한다.

13 점토로 볼펜심을 감싸고 110도 오븐에 5분간 굽는다.

14 롤리팝 사탕 모양 점토에 볼펜심이 들어갈 구멍을 뚫고 볼펜심을 꽂는다.

15 110도 오븐에 20분간 구워내면 롤리팝 사탕 볼펜이 완성된다.

16 롤리팝 사탕 볼펜을 비닐에 포장하고 리본을 묶어 친구에게 선물하자.

POLYMER CLAY

＊준비물
폴리머클레이(주황색, 펄 노란색)
스탬프, 종이

how to make!

1 주황색 점토로 글자를 만들어 종이 위에 올려 110도 오븐에 5분간 굽는다.

2 펄 노란색 점토로 육면체를 만든다.

3 육면체 점토를 글자 위에 얹고 살짝 누른다.

4 글자가 육면체에 잘 붙었는지 확인하고 110도 오븐에 20분간 굽는다.

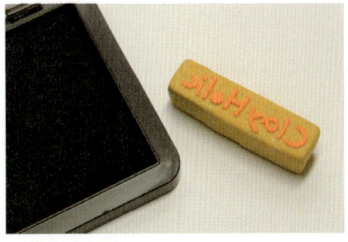

5 완성한 도장에 스탬프 잉크를 붙여 종이에 찍으면 나만의 도장이 완성된다.